C.H.BECK ■ WISSEN

in der Beck'schen Reihe

Der Adel hat die europäische Geschichte in einzigartiger Weise über mindestens tausend Jahre entscheidend geprägt. Das vorliegende Buch bietet einen Überblick über zentrale Strukturen und prägnante Entwicklungsetappen des Adels von den Grundlagen im mittelalterlichen Frankenreich und der höfisch-ritterlichen Ausprägung des Hochmittelalters über die Frühe Neuzeit mit stärkster Adelsdominanz bis hin zur Französischen Revolution und zum Niedergang im 19. Jahrhundert bis zu seiner endgültigen Entmachtung am Anfang des 20. Jahrhunderts. Das Buch informiert über Bevölkerungsanteil, Hierarchien, Privilegien, eigene Kulturformen und wirtschaftliche Grundlagen des Adels; es zeigt grundlegende Heiratskonzepte und eigene Erziehungsvorstellungen des Adels. Und es gibt einen Ausblick auf die Rolle des Adels heute.

Walter Demel ist seit 1989 Professor für Geschichte der Frühen Neuzeit an der Universität der Bundeswehr München. Im Jahre 2000 lehrte er an der Städtischen Universität Osaka.

Walter Demel

DER EUROPÄISCHE ADEL

Vom Mittelalter bis zur Gegenwart

Verlag C. H. Beck

Originalausgabe
© Verlag C.H. Beck oHG, München 2005
Gesamtherstellung: Druckerei C.H. Beck, Nördlingen
Umschlagabbildung: Englische Adelswappen, Buchmalerei
(14. Jahrhundert) © akg, Berlin
Umschlagentwurf: Uwe Göbel, München
Printed in Germany
ISBN 3 406 50879 0

www.beck.de

Inhalt

Vorwort

«Heute habe ich wenig Zeit, darum schreibe ich Dir einen langen Brief» – dieser (meines Wissens vom älteren Moltke stammende) Satz war es, der mich bei dem Versuch zögern ließ, die mindestens tausendjährige Geschichte des europäischen Adels auf maximal 128 kleinen Seiten komprimiert darzustellen. Erschwerend kommt hinzu, dass die Forschungslage in Bezug auf Epochen und einzelne Länder bzw. Regionen extrem stark differiert. Es kann also nicht darum gehen, einen gleichmäßig fundierten Überblick unter Berücksichtigung aller Aspekte des Themas zu geben. Vielmehr habe ich versucht, einige zentrale strukturelle Gesichtspunkte und Entwicklungen der Adelsgeschichte, notfalls durch etwas apodiktische Formulierungen, herauszuarbeiten. Dabei konzentriere ich mich für das Mittelalter auf die als exemplarisch aufgefassten Verhältnisse im Frankenreich bzw. in dessen Nachfolge«staaten». «Europäischer» ausgerichtet sind dann die Ausführungen über den neuzeitlichen Adel, wobei der Schwerpunkt auf dem 18. und frühen 19. Jahrhundert liegt. Denn zum einen ist mir diese Epoche am besten vertraut, zum andern aber markiert sie, zumindest in Mittel- und Westeuropa, den Höhe- und Wendepunkt adeliger Stellung in Europa. Der Zeit nach 1917/18 – jenen Jahren, die das Ende vieler Monarchien und «nationaler» Adelsgesellschaften mit sich brachten – ist dagegen nur ein kurzer Ausblick gewidmet.

Danken möchte ich Christine Zeile für ein geduldiges Lektorat und, für ihre Hilfe, meinen alten Freunden Ina-Ulrike Paul und Uwe Puschner (Berlin), den KollegInnen Ronald Asch (Freiburg), Eckhart Hellmuth (München), Heinz Reif (Berlin) und Gertrud Thoma (München) sowie nicht zuletzt meinem hochverehrten Lehrer Eberhard Weis, dem ich das kleine Buch zu seinem 80. Geburtstag widmen möchte.

Walter Demel

I. Was ist «europäischer Adel»?

Das historische Phänomen des Adels kann man von zwei miteinander zusammenhängenden Seiten her beschreiben, indem man ihn entweder als Denkform oder als Realität einer gesellschaftlichen Elite (in der Eigen-, überwiegend auch in der Fremdwahrnehmung) betrachtet. Dabei handelt es sich aus universalhistorischer Perspektive zumindest hinsichtlich der Dauerhaftigkeit der Adelsherrschaft um eine Erscheinung, die für die europäische Geschichte charakteristisch ist und vielleicht nur im historischen Japan eine nennenswerte Parallele besaß. «Europa» aber meint hier einen im Westen des eurasischen Kontinents gelegenen geographischen Raum mit fluktuierenden Grenzen und, im Osten und Südosten, breiten Übergangszonen, der sich durch politische, soziale, wirtschaftliche und kulturelle Gemeinsamkeiten bzw. enge Verbindungen auszeichnet.

So können z. B. Bulgaren und Serben, insbesondere aufgrund ihrer frühmittelalterlichen (orthodoxen) Christianisierung, als «Europäer» gelten. Auch besaßen sie im 13./14. Jahrhundert Adelsstrukturen, die sich mit denjenigen anderer europäischer Länder vergleichen ließen. Diese Strukturen wurden jedoch durch die osmanischen Eroberungen des 14./15. Jahrhunderts zerstört. Die als wirtschaftliche Basis der christlichen Adelsfamilien dienenden Güter übertrug man meist der türkischen Provinzkavallerie in Form von Pfründen. Das osmanische Lehenswesen kannte zudem lange weder Erblichkeit noch Standesprivilegien. Aus diesen Gründen hatten Serben und Bulgaren (anders als die islamisierten Bosnier) bis zum 19. Jahrhundert praktisch keinen Adel mehr – und unterschieden sich damit, aus sozialgeschichtlicher Perspektive, grundlegend von «Europa».

I. Adel als Denkform:
Vererblichkeit adeliger Werte

Die Worte «Adel» (dt., ndl., dän., schwed.; ahd. adal = (vornehme) Herkunft), «Nobilität» (z. B. engl. nobility, ital. nobiltà,
span. nobleza) und «Aristokratie» (z. B. engl. aristocracy, frz.
aristocratie, port. aristocracia) verweisen auf grundlegende Ele-
mente adeligen Selbstverständnisses: Man ist «edel» im Vergleich zum (all-)«gemeinen» Volk, fällt auf (lat. no(ta)bilis)
durch Bekanntheit und «nobles» = vornehmes, großmütiges
Verhalten und bildet schließlich in Bezug auf hervorragende
menschliche Eigenschaften – Talente, Tugenden, Tüchtigkeit
auf unterschiedlichen Gebieten (lat. virtus, griech. arete) – eine
Gemeinschaft der «Besten» (griech. aristoi). Diese Eigenschaften soll ein Adeliger allerdings durch einen würdevollen moralischen und sozialen Habitus dokumentieren. Dadurch erwirbt er
aber auch ein Anrecht auf Ehrerbietung. Zugespitzt gesagt: Ein
Adeliger *tut* nichts, er *ist* etwas (tatsächlich heißt der Edelmann
auf Spanisch «hidalgo» von «hijo de algo» = «Sohn von etwas»). Durch seine standesgemäße Lebensweise repräsentiert er
eine Idee, ein Bündel an Tugenden: Mäßigkeit, Milde, Mut usw.
Darauf baut er sein Selbst-Bewusstsein, seinen Stolz, seinen
Hoch-Mut (mhd. hôch-gemuot = hochgesinnt). Denn der Kern
seines Wesens liegt, um mit Hugo v. Hofmannsthal, dem Spross
einer neuadeligen Familie des jüdischen Wirtschaftsbürgertums,
zu sprechen, «zwischen Anmaßung und Höflichkeit» – und dies
selbst *innerhalb* seines Standes! Hier gilt es nämlich in Konkurrenz zu den Standesgenossen den eigenen Rang zu wahren, ja
womöglich zu erhöhen. Die Natur der Ehre, sagt Montesquieu,
selbst aus altem Amtsadel stammend, besteht darin, Vorzüge
(préferences) und Auszeichnungen zu verlangen. Man ist «etwas Besseres» oder will es zumindest sein.

Auf die Frage nach der Entstehung des Adels gab man seit
dem Mittelalter drei verschiedene Antworten: 1. Adel als eigene, etwa durch eine besondere Qualität des Blutes (königliches
Blut, «blaues Blut») ausgezeichnete «Rasse», vergleichbar einer
edlen Pferderasse, 2. Adel als vom König verliehene Belohnung

von Verdiensten, 3. Adel als historisches Ergebnis eines militärischen Sieges, der den Siegern und ihren Nachkommen das Recht verlieh, über die Unterworfenen, Feiglinge oder Kollaborateure des Feindes für alle Zukunft zu herrschen. Die letztgenannte Theorie dominierte nur in bestimmten Regionen wie Katalonien, verband sich aber etwa in Polen und Ungarn mit der ersten, indem sich hier der Adel eine eigene Vergangenheit erfand und als «horizontale Nation» (Anthony Smith) den Rest der Bevölkerung, darunter tatsächlich viele Deutsche in Städten und z. B. Ruthenen auf dem Land, als ganz anderes «Volk» betrachtete. All diese Erklärungen aber sollten den Adel in einer Welt legitimieren, die bis um 1800 letztlich auf dem Prinzip der rechtlich-sozialen Ungleichheit der Menschen beruhte. Dieses Prinzip blieb nie unwidersprochen. Der Gedanke der Gleichheit innerhalb des Menschengeschlechts fand sich seit der Antike sowohl in der philosophischen Tradition des Naturrechts als auch in der Bibel, die sich freilich ambivalent äußert. Vor Gott, so hieß es gerade in Kreisen des Mönchtums und diverser religiöser Bewegungen, sind alle gleich, d.h. alle gesellschaftlichen Unterschiede nichtig; er blickt nur auf das Herz, auf die guten und bösen Taten des Einzelnen.

Von mehreren Seiten wurde daher die Frage nach dem Verhältnis von Adel und Tugend gestellt. Machte nicht ausschließlich die Gesinnung den Adel, wie schon Seneca behauptete? Wenn Autoren unterschiedlicher Epochen besonders fromme bzw. im Sinne ihrer Zeit durch weltliche Tugenden ausgezeichnete Adelige als leuchtende Vorbilder rühmten, so konnte dies der Rechtfertigung der bestehenden gesellschaftlichen Ordnung dienen, ebenso aber Kritik an der weit überwiegenden Zahl jener Adeligen beinhalten, die so hohe Ansprüche nicht erfüllten. Außerdem wurden dem Adel immer wieder, speziell von «bürgerlicher» Seite, Müßiggang, Unproduktivität und Verschwendung vorgeworfen. Dagegen argumentierten Adelsbefürworter, der Adel erfülle durchaus seine «angeborenen» Verpflichtungen, zu regieren und zu herrschen, und er bedürfe eines – freilich abgestuften – luxuriösen Aufwands, um seinen Rang in der Welt und damit deren gottgewollte Ordnung darzustellen.

Die Masse der Adeligen hatte diese Vorstellungen um 1500 längst verinnerlicht. Man glaubte, Ehre einlegen zu müssen, und zwar nicht primär für sich selbst, sondern vor allem für die eigene Familie. Denn der Adel konstituierte sich durch die Erinnerung, durch sein kollektives Gedächtnis, und er bestand nicht aus Individuen, sondern aus «Familien», genauer aus «Häusern» bzw. «Geschlechtern» (lat. gentes, vgl. engl. gentleman, it. gentiluomo; vom deutschen Wort dürften sich übrigens tschech. šlechta und poln. szlachta als Bezeichnungen für die Gesamtheit des Adels ableiten). Unter anderem wurde damit auf einen tatsächlichen oder fiktiven «Stammsitz» der Familie bzw. einen «Stammvater» oder «Spitzenahnen» hingedeutet. Der (Vor-) Rang eines Geschlechts bemaß sich nämlich zunächst einmal nach seinem Alter, sozusagen nach der von den Vorfahren kumulierten Ehre, der jede Generation möglichst viel hinzufügen sollte. Auf alle Fälle aber hatte der Einzelne, notfalls mit Schwert oder Degen als den Symbolen adeliger Macht, die Familienehre zu verteidigen. Außerdem musste er, ob Mann oder Frau, sein eigenes Interesse dem der Familie prinzipiell unterordnen, insbesondere in der Frage einer Ehe oder eines Heiratsverzichts. Häufig wurde eine adelige Tochter, die von einem Nichtadeligen ein uneheliches Kind bekam, von der Familie verstoßen, aber auch ein adeliger Sohn enterbt, wenn er unstandesgemäß heiratete. Schließlich bedeutete schon eine Missheirat einen Ehrverlust für eine ganze Familie, wogegen eine eheliche Verbindung mit einem höherrangigen Geschlecht sie aufwertete. Denn der Adel als Denkform basierte auf der Überzeugung, dass die besagten hervorragenden Eigenschaften vererbt würden, was – so die seit dem Hochmittelalter meist vorherrschende Sicht – primär in männlicher Linie erfolgen sollte. Diesen Vorgang erklärte man etwa durch eine besondere Qualität des Samens eines adeligen Vaters, mitunter aber auch eher pädagogisch, also im Sinne der Übertragung von Tugenden durch eine entsprechende Vorbildwirkung der Altvordern oder durch die Erziehung in einem adeligen Umfeld.

2. Adel als soziale Realität: der Adelsstand

Aus dieser Überzeugung folgte die Tendenz der Adelsfamilien,
sich von der übrigen Bevölkerung abzusetzen, zum einen durch
das Konnubium, d. h. die Heirat innerhalb der eigenen Gruppe,
zum andern im gesellschaftlichen Umgang. So verkehrte Adel
mit Adel, allerdings primär mit gleichrangigem: Ein Fürst aus
altem Geschlecht lud schwerlich einen Krautjunker oder einen
frisch nobilitierten Bürgerlichen zum Essen ein – außer vielleicht, wenn Letzterer ein Bankier war, von dem er sich Geld lei-
hen wollte.

Deswegen war es wichtig zu wissen, wer von wem abstamm-
te. Genealogische Studien wurden im Mittelalter zunächst von
Geistlichen betrieben, um die Verwandtschafts- und Herkunfts-
verhältnisse eines Geschlechts zu klären. Etwa den fränkischen
Adel zeichnete lange ein eher diffuser Ahnenstolz und erst im
15. Jahrhundert als Reaktion auf das Vordringen der fürstlichen
Landesherrschaft und den Bedeutungsgewinn der Städte ein regelrechtes Kollektivbewusstsein aus. Aber spätestens seit dieser
Zeit musste man hier wie anderswo für den Eintritt in diverse,
auch für die finanzielle Versorgung der Amtsinhaber wichtige
Institutionen (Ritterorden, viele Domkapitel) eine bestimmte
Zahl adeliger Vorfahren nachweisen. Das wurde durch die so
genannte Ahnenprobe auch kontrolliert. Denn Ahnentafeln
wurden oftmals geschönt, z. B. um die Missheirat eines Vorfahren zu vertuschen und damit etwa die Chance auf eine Domher-
renstelle nicht zu verlieren. Zudem wurden Ahnen fingiert, um
die Familie vornehmer erscheinen zu lassen, als sie in Wirklichkeit war. So führten große Herren in Frankreich und im Reich
besonders im Mittelalter ihre Herkunft, unabhängig von den
tatsächlichen Verhältnissen, gern auf Karl den Großen zurück.
Aber auch die Trojaner, von denen angeblich Römer wie Franken abstammten, waren als Ahnherren beliebt, z. B. bei den Hohenzollern. Auf jeden Fall dienten derartige Aufzeichnungen fa-
miliengeschichtlichen Wissens ebenso wie Hausklöster, Fami-
liengräber, -traditionen und -gesetze dem Zusammenhalt eines
Geschlechts und legitimierten gleichzeitig dessen Herrschaft

über einen größeren Untertanenverband (Diener, abhängige Bauern etc.). Herrschaft aber bedeutete stets zweierlei: Befehlsgewalt, die bei Ungehorsam im Frühen Mittelalter sogar das Recht über Leben und Tod des Abhängigen umfasste, aber auch eine zumindest moralische Verpflichtung zu Schutz und Fürsorge gegenüber den Untergebenen.

In der entwickelten Adelsgesellschaft seit dem Spätmittelalter begründete die Vorstellung edler = adeliger Eigenschaften damit bestimmte Pflichten, die zu einem standesgemäßen Leben gehörten. So sollte ein Adeliger auf der einen Seite freigebig sein, auf der anderen sich aber nicht zu sehr ums Geld kümmern – was sich nicht selten schlecht vereinbaren ließ. In der Regel drohte ihm bei Handarbeit oder der persönlichen Führung eines Ladengeschäfts der Verlust seines Adels oder zumindest die Suspendierung seines Adelstitels – und das betraf seine gesamte Familie. Erwerbsarbeit erschien prinzipiell als suspekt, da Gewinnstreben als etwas Bürgerliches galt. Als Adeliger hatte man – in der Theorie – genug, um ein standesgemäßes Leben zu führen, das freilich einen gewissen, rangmäßig differenzierten äußeren Aufwand an Kleidung, Wohnung, Dienerschaft, Pferden etc. erforderte. Am besten lebte man von seinem Vermögen, insbesondere von den Abgaben und Diensten seiner Bauern. Denn nicht Arbeit = Mühe (lat. labor), sondern Muße in Würde (otium cum dignitate) sollte – selbst bei körperlicher Ertüchtigung – das adelige Dasein bestimmen. Dazu konnte durchaus auch ein eigener Dienst gehören, jedoch nur innerhalb einer Adelskorporation oder gegenüber einem Höherrangigen, am besten gegenüber Gott oder dem Kaiser bzw. einem König. Gott diente man möglichst als Bischof, Domherr etc., weniger indes als einfacher Pfarrer. Dem König oder Kaiser aber war man entweder mit Schwert bzw. Degen (als Ritter oder Offizier) oder allenfalls noch mit der Feder zu Diensten, also als «Beamter» – dann aber üblicherweise wiederum eher als Vertreter der königlichen Gerichtsgewalt, d. h. als Richter, seltener als Finanzbeamter.

Das schließt nicht aus, dass auch manche Adelige zu rechnen verstanden, sei es als Offiziere aufgrund einer ballistischen Ausbildung, sei es als Verwalter des Familienvermögens, das sie auf vielen Wegen – durch Heiratspolitik, Prozesse, auch Pfennigfuchserei, nur eben selten primär durch Geschäfte (neg-otium) – zu mehren trachteten. Deshalb verzichteten sie zu bestimmten Anlässen noch nicht auf demonstrative Verschwendung. Doch was bedeutete das? Ausgehend von Überlegungen des Soziologen Pierre Bourdieu, werden heute gerne verschiedene Formen von «Kapital» unterschieden, nämlich (jeweils mit Beispielen) etwa: «ökonomisches» (Landeigentum, Geld), «politisches» (Amt), «kulturelles» (Bildung, erlesener Geschmack), «soziales» (Patronagemöglichkeiten) und «symbolisches Kapital» (Ehre). Jede dieser Formen lässt sich, zumindest in gewissem Maße, in eine andere umwandeln. Konkret: Ein Dasein als Höfling mochte zwar mehr kosten, als es finanziell einbrachte, es vermehrte aber – vielleicht ungleich stärker – durch die «Nähe zum Thron» zumindest das «symbolische Kapital» des Betreffenden. Dieser «verschwendete» sein Vermögen mithin nicht «sinnlos», sondern folgte einer spezifischen Ökonomie der Ehre. Freilich hatte alles seine Grenzen: Wer sich finanziell ruinierte und nicht von seinem Fürsten saniert wurde, der vermochte nicht mehr standesgemäß aufzutreten und verlor damit auch seine (Standes-) Ehre.

Mit der Vorstellung ererbter Qualitäten war der Anspruch auf Vorrang im rechtlichen und soziopolitischen Sinn gegenüber allen Nichtadeligen verbunden. So war der europäische Adel seit dem Spätmittelalter ein «Stand», d. h., er zeichnete sich durch ein spezifisches Standesethos («Adelsehre») sowie eine hervorgehobene Rechtsstellung aus, nämlich durch in der Regel vererbbare Privilegien. In diesem Sinne waren die japanischen Fürsten (Daimyōs) und Ritter (Samurai) ebenfalls Adelige – anders aber etwa die in China lange Zeit regierende Führungsschicht der Mandarine, welche ihre hervorgehobene Stellung grundsätzlich Prüfungsleistungen zu verdanken hatten. Die individuelle Leistung war dagegen für einen Edelmann ebenso sekundär wie die Größe seines Vermögens, solange sie ihm ein standesgemäßes Leben erlaubte. Weniger in der Theorie als in der sozialen Realität war der europäische Adel daher eher ein Geburtsstand als eine Meritokratie.

Eine rechtlich abgrenzbare Kategorie «Adel» ist eine soziale Institution von langer Dauer, allerdings keine «Kaste» im Sinne einer völlig abgeschlossenen, ausschließlich auf dem Geburtsprinzip beruhenden Einheit. Denn immer konnten Einzelne, zumeist mit ihren Familien, im Adelsstand Aufnahme finden, wenn sie – namentlich durch den Königsdienst – Macht, Reichtum usw. erworben hatten. Entscheidend war, dass sie als adelig anerkannt wurden, sei es stillschweigend, sei es – sozusagen als Höhepunkt eines längeren Prozesses – durch einen formalen Akt der Nobilitierung, der freilich nur dann einen sozialen Wert hatte, wenn ihn die Mehrheit der Standesgenossen akzeptierte. Umgekehrt konnten Einzelpersonen oder Familien aus dem Adel auch ausscheiden, wenn sie etwa aus Vermögensmangel kein standesgemäßes Leben mehr führen konnten oder durch ein «infames» Verbrechen ihre adelige Ehre verloren. Auch der Adelsverlust konnte über mehrere Generationen hinweg sozusagen schleichend vor sich gehen, indem man Titel und Rechte immer seltener in Anspruch nahm und zunehmend Ehen mit Angehörigen unterer Schichten schloss – oder aber, spektakulärer, im Zuge einer Adelssuspension oder -derogation durch einen einmaligen Rechtsakt. Der Bestand an adeligen Familien blieb also nicht immer gleich, er variierte, meistens allerdings in engen Grenzen.

Nur gelegentlich kam es vor, dass größere Gruppen in den Adel «hineinwuchsen», also der adeligen (Vor-)Rechte teilhaftig wurden. Das war im Hochmittelalter der Fall bei jenen ursprünglich meist sogar unfreien Dienstleuten (Ministerialen), die durch Hof-, Kriegs- oder Verwaltungsdienste schrittweise zu Niederadeligen aufstiegen. Den hohen Beamten und Offizieren im württembergischen Königreich des 19. Jahrhunderts wurde beim Erreichen eines bestimmten Dienstgrades sogar automatisch ein Adelstitel verliehen. Dieser galt allerdings nur für den Amtsinhaber, nicht für seine Nachkommen. Er hatte also den Charakter eines reinen Personaladels und zeigt schon damit die Auflösung des Adels im Sinne einer rechtlich-sozialen Kategorie «Stand» an, die eben auf dem Geburtsprinzip beruht. In Europa kennzeichnet den Adel seit dem Hochmittelalter jedoch auch, dass er darüber hinaus ein Stand im politischen Sinne wurde, indem er Korporationen bildete, die bei der Regierung eines Landes mehr oder minder entscheidend mitwirkten. Denn die «Besten», deren Herrschaft (Aristokratie) nach aristotelischer Tradition neben Monarchie und Politie (Demokratie) eine der drei positiv bewerteten Staatsformen darstellte, beschränkten sich natürlich nicht auf ihren lokalen Bereich, sondern beanspruchten führende Positionen innerhalb der kirchlichen Hierarchie sowie im Hof- bzw. Staatsdienst.

3. Europäische Verflechtungen der Adelswelt

Natürlich gab es stets, wenngleich wohl in langsam abnehmender Zahl, kleine Landadelige, deren Horizont lokal oder regional begrenzt blieb. Andere aber hatten viele Gründe, ihre engere Umgebung zu verlassen. Schon an den Kreuzzügen ins Heilige Land waren Ritter verschiedener Nationen beteiligt. Auch die «Preußenreisen», spätmittelalterliche Kreuzzüge gegen die Heiden im preußisch-baltischen Raum, dürften das Bewusstsein, einem «europäisch-christlichen» Adel anzugehören, gefördert haben. In der Folgezeit mögen Bildungsreisen (Kavalierstouren) in die gleiche Richtung gewirkt haben, wenngleich sie etwa beim katholischen Teil des ungarischen Adels eher nach Italien, beim calvinistischen eher in die Schweiz oder nach Holland führten. Denn Adel hatte grundsätzlich Zutritt bei Adel. Für die Anknüpfung oder Aufrechterhaltung diplomatischer Kontakte wählte der Fürst natürlich einen Vornehmen seines Landes als Gesandten aus. Oftmals dienten derartige Missionen der Anbahnung von Ehen. Zwischen den regierenden Fürstenhäusern war das Netz der Heiratsverbindungen nämlich europaweit gespannt. Schon die polnischen Piasten des 11./12. Jahrhunderts hatten Heiratsverbindungen nach Skandinavien, Lothringen, Sachsen, Franken, Böhmen, Ungarn und Kiew!

Die Habsburger waren eine wahrhaft europäische Dynastie: Von Nordeuropa und der russischen bzw. osmanischen Peripherie abgesehen, gab es kaum ein Land, das nicht irgendwann einmal einen Habsburger oder eine Habsburgerin auf seinem Thron gesehen hätte. Wittelsbacher regierten Bayern und die Pfalz, stellten die geistlichen Kurfürsten von Trier (1716–1729), Mainz (1729–1732) und Köln (1583–1761), die Könige von Schweden (1654–1718) und Griechenland (1833–1862) sowie bereits im 15. Jahrhundert eine Königin von Frankreich und im 19. eine Kaiserin von Österreich. Bourbonen herrschten, außer in Frankreich, im 18./19. Jahrhundert in Spanien, Parma-Piacenza und Neapel-Sizilien. Gerade um sich von ihren adeligen Untertanen abzusetzen, bevorzugten die großen Dynasten fremde, aber eben (zumindest formal) «gleichrangige» Partner. Für das Haus Habsburg kamen als Ehepartner grundsätzlich nur Mitglieder regierender Häuser in Frage. Noch bei der Beerdigung des in Sarajewo ermordeten Thronfolgers Franz Ferdinand im Jahre 1914 brachte man protokollarisch durch die verschiedene Höhe der Särge zum Ausdruck, dass dessen Gemahlin, eine tschechische Gräfin Chotek, ihm nicht ebenbürtig gewesen war.

Der Niederadel fand seine Ehepartner in aller Regel innerhalb der eigenen Region. Dagegen pflegten auch kleinere Fürsten, Herzöge oder Grafen nicht selten einen über die eigene «Nation» bzw. das Land des Monarchen, dem sie unterstanden, hinausreichenden Heiratskreis. Das galt zumindest bis zur Mitte des 18. Jahrhunderts, wo anscheinend eine gewisse «Nationalisierung» der Politik einsetzte und sich etwa die «nachgeordneten» Hochadelsfamilien in den Grenzregionen zwischen Frankreich und dem Reich zunehmend entscheiden mussten, ob sie sich eher nach Wien oder Paris orientieren wollten.

Gerade adelige Offiziere kamen weit herum und traten gern in fremde Dienste. Von den kaiserlichen bzw. österreichischen Heerführern des 17./18. Jahrhunderts stammte etwa Montecuccoli aus Modena, Prinz Eugen aus Savoyen, Lacy war in St. Petersburg geboren, aber irischer Herkunft, Laudon ein Livländer schottischer Abstammung. Mancher dieser hohen Offiziere erwarb Grundbesitz, und ihre Familien wurden gesellschaftlich in den Landesadel integriert, wie etwa die aus den spanischen Niederlanden stammende Familie Bucquoi, die im Dreißigjährigen Krieg via Kaiserdienst an Güter in Südböhmen gelangte. Aber auch Staatsmänner kamen nicht immer aus dem Land, dem sie an führender Stelle dienten – erinnert sei etwa an Kardi-

nal Mazarin in Frankreich oder den spanischen Minister Esqui-
lache, beides Italiener.

Wenn Adelige aus politischen oder konfessionellen Gründen
aus ihren Heimatländern vertrieben worden waren, waren sie
manchen Regierungen besonders willkommen. Der französische Adel des 18. Jahrhunderts hatte jedenfalls eine ganze Reihe
Mitglieder, darunter Marschall Berwick, die als Jakobiten ursprünglich aus Schottland kamen. Umgekehrt fanden die gut
20 000 vor dem Jakobinerterror geflohenen französischen Adeligen zumeist Aufnahme in England, Italien und im Reich.
Sprachliche Schwierigkeiten tauchten dabei nicht in übermäßi-
gem Umfang auf. Viele Adelige beherrschten, wenngleich natürlich nicht unbedingt perfekt, mehrere Sprachen, zumindest aber
die gerade gängige Verkehrssprache der europäischen Oberschicht. Dies war im 16. Jahrhundert primär noch Latein, seit
der Mitte des 17. Jahrhunderts setzte sich immer mehr das
Französische durch, das auch an den meisten deutschen Höfen,
teilweise bis zum Beginn des 19. Jahrhunderts, durchaus als All-
tagssprache Verwendung fand. Andererseits war auch der deutsche Einfluss im 18. Jahrhundert am dänischen und am russischen Hof beträchtlich: Russische Kadetten mussten zeitweise
deutsche, nicht etwa russische Geschichte lernen, und das Deutsche war in Kopenhagen jahrzehntelang die Sprache des Hofes.

Noch waren die Souveräne eben kaum Herrscher von «Na-
tionalstaaten». Wie der König von Dänemark als Herzog von
Holstein deutscher Reichsfürst war und über eine beträchtliche
Zahl deutschsprachiger Untertanen verfügte, so war es für Joseph II. allemal sinnvoll, neben Deutsch, Französisch, Latei-
nisch und Italienisch auch einigermaßen Tschechisch und Unga-
risch zu sprechen, um sich wenigstens mit einem Großteil seiner
Untertanen in deren Landessprache unterhalten zu können. Infolge von Erbschaft oder Kauf erstreckte sich aber auch die
Herrschaft kleinerer Territorialfürsten oder nicht souveräner
Häuser mitunter über weit auseinander liegende Gebiete: So
war der Herzog von Württemberg Herr über Montbéliard, die
ungarischen Battyany besaßen Güter in Bayern. Kein Wunder
bei den «internationalen» Heirats- und Berufsverbindungen!

Nehmen wir als Extrembeispiel das ursprünglich deutsche Grafen- bzw. Fürstenhaus Nassau. Karl Heinrich Nikolaus Otto Prinz von Nassau-Siegen wurde 1745 im nordfranzösischen Senarpont geboren. Als Grande von Spanien heiratete er 1780 in Warschau eine polnische Gräfin und wirkte bis 1794 als russischer Admiral. Das niederländische Königshaus heißt Nassau-Oranien: Es geht zurück auf eine Nassauer Linie, die 1530 das an der Rhône gelegene Fürstentum Oranien/Orange, ndl. Oranje, erbte (was auch die Farbe der niederländischen Fußballnationalmannschaft erklärt). Aus einer anderen Linie stammt der heute regierende Großherzog von Luxemburg.

Das alles ist mit zu denken, wenn von einem «europäischen Adel» die Rede ist: Es gab strukturelle Ähnlichkeiten und gegenseitige Einflüsse zwischen den verschiedenen Adelsgesellschaften in Europa. Darüber hinaus aber existierten auch, zumindest auf der Ebene des Hochadels, wahrhaft «europäische» Verflechtungen, die sich bereits im Mittelalter entwickelten.

II. Der Adel im Mittelalter

Macht, gesellschaftlich wichtige Funktionen, Reichtum, Ansehen und/oder Vorbildwirkung kennzeichnen Eliten, wobei Ansehen Einfluss verleiht und insofern auch eine Art (potenzieller) Macht darstellt. Im europäischen Mittelalter und teilweise noch länger spielte der Adel sogar die Rolle einer multifunktionalen Elite. Denn er dominierte durch seine Ämter und seine Macht politisch und militärisch, durch seinen Herrschaftsbesitz ökonomisch, durch sein überlegenes Prestige sozial und durch das Vorbild seiner Lebensweise und sein Mäzenatentum auch kulturell. Um aber zu einem «Adelsstand» zu werden, muss sich eine Elite bzw. Oberschicht auch rechtlich von der übrigen Bevölkerung absetzen, also «institutionalisieren», durch bestimmte erbliche Vorrechte wie z. B. ein Monopol auf gewisse Ämter. Da sich für das Frühe Mittelalter allenfalls ererbtes Ansehen und konkrete Macht, nicht aber eine erbliche gehobene Rechtsstellung sicher nachweisen lassen, möchten manche Historiker für diese Zeit sogar ganz auf den Begriff «Adel» verzichten.

I. Grundlagen des europäischen Adels im Frankenreich

Das Vorbild aller späteren «europäischen» Adelsbildungen dürfte – so jedenfalls die These von K. F. Werner – der christianisierte römische Senatorenadel gewesen sein. Dessen Angehörige hatten ursprünglich sozusagen eine angeborene Anlage dazu besessen, vom Kaiser in hohe Ämter (honores) berufen zu werden. Seit Kaiser Konstantin († 337) kehrte sich dieses Verhältnis zeitweise um: Wer in ein hohes Amt berufen wurde, trat in den «Kaiserdienst» in Verwaltung, Heer oder Episkopat ein. Ein persönlicher Treueeid verpflichtete ihn zum Gehorsam, band ihn geradezu an den Herrscher – bestand das Zeichen seines Amtes doch in einem Gürtel. Erst dadurch gehörte er zu den «Adeligen» (nobiles), und die in der Ämterlaufbahn erreichte Stellung bestimmte seinen Rang. Hier war also ein meritokratisches Element angelegt. Wie die späteren Kaiser und Könige, aber auch kleinere selbstständige Fürsten und Herren sich am Vorbild des autokratischen, nunmehr christlichen Kaisers orientiert hätten, habe sich der Adel – so Werner – seitdem als Repräsentant der «öffentlichen Gewalt» als auch der Kirche gefühlt, mit einer mehr oder minder ausgeprägten Treue gegenüber dem «ersten Mann» im «Staat».

Tatsächlich dominierten im Gebiet des heutigen Frankreich zu spätrömischer Zeit die Mitglieder einer gallorömischen, vorrangig aus dem Senatorenadel gebildeten Oberschicht. Sie verfügten über große Ländereien, eine zahlreiche, auch militärisch einsetzbare Klientel und besetzten die höheren Verwaltungspositionen und die Bischofsstühle. Dabei förderten die meist adeligen Bischöfe den Kult eines oder mehrerer Stadtheiliger und gewannen damit eine Legitimation dafür, dass sie sich zunehmend zu den eigentlichen Herren der alten Römerstädte in Gallien (und Norditalien) aufschwangen. Denn je mehr die Zentralgewalt an Einfluss verlor und deren Vertreter nicht, wie auf der Iberischen Halbinsel häufig, ihre Stellung einigermaßen zu halten vermochten, sondern emigrierten, aufs Land zogen bzw. sozial absanken, desto mehr wuchsen ihnen auch weltliche Führungsaufgaben zu. Ähnlich wie im Falle des Petrusgrabs in Rom verlieh etwa in Tours, Trier, Köln oder Reims nicht zuletzt die Aufsicht über Heiligengräber bzw. -reliquien den dortigen Bischöfen sogar eine überregionale Bedeutung. So konnten sie zu Partnern der Merowinger werden.

Spätestens im 5./6. Jahrhundert hatten Germanen (wie auch Slawen und andere Indoeuropäer) ebenfalls ihre vornehmen Familien: Diese zeichneten sich durch ihr Ansehen qua Geburt, ihren Ahnenkult, umfangreichen, vererbbaren Besitz und die Bildung eigener Heiratskreise aus. Sie trugen lange Haare, lebten auf großen Herrenhöfen und konnten sich – für eine Mangelgesellschaft ungewöhnlich – regelmäßig reichhaltiges und gutes Essen leisten. Ebenso verfügten sie über eine bessere Kleidung mit besonderem, etwa aus Edelmetall bestehendem Schmuck. Zum Teil importierte Luxuswaren wie orientalische Gewürze symbolisierten ihren gehobenen Status. Dieser wurde selbst nach ihrem Tod – durch entsprechende Grabbeigaben – dokumentiert.

Im Jahre 498 hatte sich der (wie bereits sein Vater) als römischer Provinzkommandant und -verwalter (dux) agierende Frankenkönig Chlodwig I. vom Bischof von Reims, ebenfalls einem Generalssohn, taufen lassen – was ihn übrigens nicht daran hinderte, weiterhin selbst innerfamiliäre Gegner mit der Streitaxt aus der Welt zu schaffen. Ihm folgten die Großen seines Reiches, womit auch deren Untertanen und damit formal alle Franken römische Christen wurden. Chlodwigs besondere Stellung wurde formell anerkannt, als ihn 508 der (ost-)römische Kaiser als «ruhmreichsten König» und, auch im Verhältnis zu den fränkischen Bischöfen, als «frommen Ersten» (pius princeps) bezeichnete. Gerade von Seiten dieser Bischöfe wurden daraufhin Chlodwigs Nachfolger sogar mit Titeln angesprochen, die bis dahin dem Kaiser selbst vorbehalten gewesen waren. Das spätere fränkische Königtum bzw. Kaisertum wuchs

also sowohl aus germanischen Wurzeln (Sakral-, Heereskönig-
tum) hervor wie auch aus dem Anspruch auf die Nachfolge der
(west-)römischen Kaiserherrschaft, die bekanntlich seit dem
4. Jahrhundert christlich geprägt war. Es gewann dabei Einkünfte aus den Städten und erlangte Einfluss auf die Besetzung
von Bistümern und auf die Entwicklung der Herzogtümer östlich des Rheins. Wie ihre Könige bzw. Herzöge begannen sich
aber auch fränkische, alemannische und bayerische Herren von
der übrigen Bevölkerung durch die Gründung christlicher Kirchen und Klöster sowie separate Grablegen abzusetzen – vielleicht eine Art «Selbstsakralisierung» von Königtum und entste-
hendem Adel: Herrschaftsausbau und Mission standen in en-
gem Zusammenhang. Auch die Herrscher germanischer Herkunft tendierten jedoch schon seit Chlodwig I. dahin, als «adelig» (nobiles) nur diejenigen Vornehmen zu bezeichnen, die in
ihren Dienst traten. Erblich wurde dieser Status der Amtsinhaber erst langsam seit dem 7. Jahrhundert.

Im Frankenreich gewannen nun Gruppen dieser «Größeren
von Geburt» (maiores natu) mit der Ausweitung des Reiches
auf Kosten der übrigen gallischen Königreiche (z. B. 534 Unter-
werfung Burgunds) und den Konflikten innerhalb der Herr-
scherdynastie der Merowinger seit dem späten 6. Jahrhundert
offiziell politische Mitspracherechte auf regionaler Ebene. So
gestand ihnen König Chlothar II. im Jahre 614 zu, dass Grafen
als Vertreter der königlichen Macht und Gerichtsgewalt ausschließlich aus den Grundherren der jeweiligen Region ausge-
wählt werden sollten. Das förderte die Tendenz zur Erblichkeit
dieses Amtes. «Graf» (comes) war aber ursprünglich ebenso ein
römischer Titel wie «Herzog» (dux), mit dem er bisweilen
wechselte, wenngleich sich größere «Herzogtümer» eher in den
Rand- als in den Kernregionen des Frankenreiches voll auszu-
bilden und wenigstens zeitweise weitgehend zu verselbstständi-
gen vermochten.

Kein Zufall jedenfalls, dass im 7. Jahrhundert in den Bi-
schofslisten des Frankenreichs germanische Namen stark her-
vortreten. Die fränkische Oberschicht entwickelte nämlich ein
neues, christlich-adeliges Selbstverständnis und verschmolz im-

mer mehr mit ihrem gallorömischen Pendant zu einer fränkischen «Reichsaristokratie», die auf regionaler Ebene die Grafen, Bischöfe und Äbte stellte. Diese Kombination von Bischofs-
macht und regionaler Herrschaft gefährdete zeitweise sogar den
Zusammenhalt des Reiches. So gelang es den Karolingern, gestützt auf weitere mächtige Familienverbände, sich in ihrem
Amt als Hausmeier aus der Abhängigkeit von den Merowinger-
königen zu befreien und eine selbstständige, konkurrierende
Machtstellung aufzubauen. Nachdem sie aber die Merowinger
im Jahre 751 mit päpstlichem Segen als Könige beerbt hatten,
war es vor allem Karl der Große, der das Reich konsolidierte. Er
setzte Grafen mit erweiterten Rechten in gefährdeten Marken =
Grenzgebieten ein, unterwarf und christianisierte endgültig die
Sachsen und brach die Macht der weitgehend unabhängig gewordenen Herzöge von Bayern und Aquitanien. Dabei stützte
er sich auf neue Einrichtungen: 1. einen glänzenden, stilbilden-
den Hof in der Aachener Pfalz als kulturelles Zentrum, 2. besondere Vertraute, die er als eine Art frühe Vasallen durch Eid
an sich band und zur Kontrolle der Grafen in die Provinzen ent-
sandte, 3. eine reiche, mächtige und im Dienste des riesigen Im-
periums hoch mobile, freilich fluktuierende «Reichsaristokratie», die sich überwiegend aus traditionellen Gefolgsleuten der
Karolinger, aber auch aus Angehörigen regionaler Herrschaftsträger rekrutierte. Sie bildete die Spitze einer breiteren, heirats-
mäßig nach unten schon ziemlich abgeschlossenen Oberschicht,
deren Herrschaftsrechte sich aus einer Verbindung von germanischer Herrengewalt und römisch-rechtlicher Immunität entwickelten. Diese erstreckten sich praktisch auf den Rest der Gesellschaft, nämlich auf alle «Handarbeiter», überwiegend natürlich Bauern, die in den Quellen auch als «pauperes» auftau-
chen. Damit war nicht nur deren materielle Armut angesprochen, sondern auch, unter Umständen sogar primär, deren
Untertänigkeit und Schutzbedürftigkeit.

Denn nur die Mächtigen (potentes) waren wirklich wehrhaft
– und das war in diesen unruhigen Zeiten ein entscheidender
Gesichtspunkt! Seit der Völkerwanderung hatten sich nämlich
durch die Konfrontation mit zentralasiatischen Steppenvölkern

wie den Hunnen die Kampfweise verändert und die Bewaffnung differenziert. Ob in den römischen Legionen oder im fränkischen Heer – ursprünglich hatten die persönlich freien Fußsoldaten dominiert. Bis zum Ende der Karolingerzeit gewannen jedoch Reiter zunehmend an Bedeutung. Sie waren durch Langschwerter und Schilde, Waffen von frühzeitig symbolhaft-magischer Bedeutung, besser gerüstet und zudem ausgestattet mit Pferdegeschirren, Sätteln, Sporen und – als neue Erfindung – Steigbügeln, konnten sich also sicherer auf dem Pferd halten und das Tier besser lenken als früher. Eine solche Ausrüstung war indessen kostspielig. Sie könnte vielleicht sogar zur Ausstattung der berittenen Krieger mit mehr Land – und damit zur Entstehung des Lehenswesens – beigetragen haben. Jedenfalls scheinen sich viele ursprünglich Freie auch aus Kostengründen der Herrschaft und damit dem Schutz eines mächtigeren Herrn unterworfen zu haben. Denn Fehden und Kriege waren an der Tagesordnung.

Zwar hatten schon die Merowinger den römisch-christlichen Gedanken aufgegriffen, dass der König Friede und Recht überall in seinem Reich durchsetzen sollte. Aber das war angesichts der tatsächlichen Machtverteilung ein Fernziel. Kriegführung und Jagd gehörten nämlich schon in den frühesten Zeiten zu den Kennzeichen und zum Selbstverständnis der germanischen Oberschicht. Und Spannungen und Konflikte zwischen den großen Geschlechtern gab es genug, erstreckte sich das Prinzip der Friedenswahrung bei germanischen Völkern doch zunächst nur auf den eigenen Familienverband. Auch Bischöfe vornehmer Herkunft zogen daher nicht selten im Dienst des Reichs oder zur Verteidigung ihrer Stadt als Kämpfer in den Krieg, obwohl schon Konzilien des 5. Jahrhunderts Klerikern das Waffentragen eigentlich verboten hatten. Nur breiteten spätere Heiligenviten darüber gern den Mantel des Schweigens, während sie die (meist gegebene) vornehme Abkunft eines Heiligen toposartig hervorhoben.

Die Nachfolger Karls des Großen hatten das Reich 843 aufgeteilt. Doch weitere Kämpfe folgten, bei denen im Westen Karl der Kahle den Großen seines Teilreichs als Preis für deren bishe-

rige und künftige Unterstützung zugestehen musste, dass kein
geistlicher oder weltlicher Würdenträger mehr ohne ein Urteil
seiner Standesgenossen abgesetzt werden sollte und dass die Lehen praktisch erblich wurden. So zerfiel das Karolingerreich
schließlich in eine Reihe von erblichen Fürstentümern. Deren
aus den karolingischen «Reichsaristokraten» bzw. «Großvasal-
len» hervorgegangene Herrscher trugen die Hauptlast der Verteidigung gegen die Überfälle der Wikinger (Normannen), Sara-
zenen und, ab 899, der Ungarn, gaben neue Gesetze und nahmen bisweilen sogar den Königstitel an, z.B. im Burgundischen.
Um auch im regionalen bzw. lokalen Rahmen Herrschaft ausüben zu können, kreierten sie ihre eigenen adeligen Gefolg-
schaften durch die Übertragung herrscherlicher Befugnisse. Im
westfränkischen Bereich dienten die nunmehrigen Könige von
Frankreich nun allenfalls noch als Legitimationsinstanzen für
praktisch unabhängig regierende Herzöge oder Grafen (die ihrerseits auch einmal einen König einfach absetzten). Ihre effek-
tive Herrschaft aber beschränkte sich zunächst auf das Gebiet
von Oise und Aisne. Auch nachdem sich 987 die Kapetinger im
Kampf um die Krone durchgesetzt hatten, beherrschten sie darüber hinaus kaum mehr als das Pariser Becken bis Orléans.

Im Osten hatte sich schon, als der letzte ostfränkische Karolinger 911 starb, in den von Ungarn und Slawen am meisten bedrohten Herzogtümern Bayern und Sachsen jeweils ein Geschlecht unbestritten durchgesetzt. In der Folge wählten die
Führer der «Stämme» (originär wohl karolingischer Teilreiche)
jeweils einen der Ihren zum neuen, «deutschen» König. Dabei
festigte schon der Sachse Heinrich I. (919–936) aus dem ursprünglich «reichsaristokratischen» Geschlecht der Liudolfin-
ger die Stellung dieses Königtums, indem er das Reich sicherte
bzw. ausdehnte. Auch designierte er einen seiner Söhne, Otto,
zu seinem Nachfolger, den die Großen des Reichs – in Anknüpfung an Karl den Großen in Aachen – dann auch widerspruchs-
los wählten. Bei dessen Krönungsmahl dienten die Herzöge von
Lothringen, Franken, Schwaben und Bayern symbolisch als
Kämmerer, Truchsess, Mundschenk bzw. Marschall. Das verhinderte indessen nicht, dass sich Otto I. bald mit deren Macht,

zudem mit Gegnern aus seiner eigenen Familie auseinander-
setzen musste. Doch gelang es ihm, sie entweder direkt der Krone zu unterstellen oder durch Heiraten wenigstens an diese zu
binden, überdies seine Oberherrschaft auf Burgund und Norditalien auszudehnen. Gestärkt durch seinen Sieg über die Ungarn, erlangte er in Rom sogar die Kaiserkrone, mithin den Anspruch auf die Führung der ganzen Christenheit. Außerdem
gründete er neue Bistümer und besetzte die Bischofsstühle oft
mit Männern, die aus seiner Hofkapelle hervorgegangen waren.
Freilich musste er auch dabei politische Rücksichten nehmen,
wollte er die mächtigen Familien an sich binden. Bis zum Ende
des Alten Reiches sollten die deutschen Könige bzw. Kaiser auf
die Wahl der Reichsbischöfe einen nicht unerheblichen Einfluss
ausüben. Diese aber bildeten, als geistliche Fürsten gleichrangig
mit den weltlichen, seit den Ottonen eine der wichtigsten Stützen der Reichskrone.

2. Königtum, Adel und Kirche im Umbruch

Obwohl Otto I. schon zu seinen Lebzeiten wiederum einen
Sohn zu seinem Nachfolger auf dem Königsthron wählen lassen
konnte, gelang es weder den Liudolfingern noch den nachfol-
genden Saliern, die Erblichkeit der «deutschen» Krone durchzusetzen. Seit dem 11. Jahrhundert betrachteten sich die Fürsten
zunehmend als Mitträger des Heiligen Römischen Reichs. Als
Wahlreich wurde es indessen immer wieder erschüttert von den
Rivalitäten der großen Dynastien, zunächst der Staufer und
Welfen, dann der Habsburger, Luxemburger und Wittelsbacher.
Erst in der Goldenen Bulle (1356) wurden der Kreis der Königs-
wähler auf sieben Kurfürsten und das Wahlverfahren dauerhaft
festgelegt. Auf dieser Basis wurde dann ab 1438 mit einer einzigen Ausnahme immer ein Habsburger an die Spitze gewählt. In
Frankreich hingegen vermochten die Kapetinger seit ca. 1100
ihre Krondomäne wesentlich zu erweitern, der selbstständigen
Politik etwa der Grafen der Champagne ein Ende zu bereiten
und ihr Recht auf die Krone im 13. Jahrhundert endgültig
durchzusetzen. Als allerdings Karl IV. 1328 ohne Söhne starb,

erhob nicht nur der von den Großen seines Reichs gewählte Philipp VI. aus der Nebenlinie Valois Thronansprüche, sondern auch Edward III. von England, Herzog der Guyenne und Sohn von Karls Schwester. Das trug wesentlich zum Ausbruch des «Hundertjährigen Krieges» bei, in dessen Verlauf das französische Königtum zeitweise ähnlich schwach schien wie in den innenpolitischen Wirren, die seinem Aufstieg seit etwa 1100 vorangegangen waren. Doch nun konnte es sich immerhin auf eine größere Zahl Amtleute stützen und mit Hilfe gelehrter Propagandisten den Anspruch erheben, das «eigene» Land gegen einen «Fremden» schützen und ihm innenpolitisch Frieden bringen zu wollen.

Das permanente Kriegs- und Fehdewesen des Frühen Mittelalters hatte nämlich auf Dauer niemandem genützt. Zu dieser Einsicht gelangten Bischöfe und auch Adelige selbst, beginnend in Südfrankreich im 10. Jahrhundert. Sie schlossen daher auf regionaler Ebene (zunächst mehr oder minder begrenzte) Friedensabkommen. Diese Schwurgemeinschaften stellen Beispiele sog. Einungen dar, wie sie auch spätmittelalterlichen Adelsgesellschaften zugrunde lagen. Das Königtum aber, dessen Aufgabe seit seiner Christianisierung die Friedens- neben der Rechtswahrung gewesen war und das «Verschwörungen», die sich potenziell auch gegen die Krone richten konnten, stets mit Misstrauen verfolgte, suchte sich bald an die Spitze dieser Bewegung zu stellen. Der Kirche lag ebenfalls daran, wehrlose Personen, Sachen (Vieh) und heilige Orte wie Gotteshäuser aus den stets mit Plünderungen und Brandschatzungen der Dörfer des Gegners verbundenen Fehden herauszuhalten und diese auf Zeiten außerhalb der Sonn- und Feiertage zu beschränken. Vorerst ließ sich die Fehde als Recht eines jeden Herrschaftsträgers zur Verteidigung seiner «Freiheiten» selbst gegenüber dem König freilich nicht beseitigen, sondern nur begrenzen, u. a. durch die Vorschrift bestimmter Rituale (Übersendung eines Fehdebriefs etc.), ohne die sie als nicht rechtmäßig galt.

So fand die Gottes- und Landfriedensbewegung im Reich ihren Abschluss erst durch die Verkündung des Ewigen Landfriedens (1495) – und erst als 1555 der Reichstag in Augsburg eine Exekutionsordnung verabschiedete, die regelte, wie die Stände auf der regionalen Ebene der Reichskreise gegen die nun als «Raubritter» Denunzierten vorgehen sollten, war das Ende des adeligen Fehdewesens endgültig gekommen, nachdem es zuvor mit Franz v. Sickingen († 1522) und Markgraf Albrecht Alcibiades († 1557) noch seine letzten Höhepunkte erlebt hatte. England, Ost- oder Nordeuropa erreichte diese Bewegung gar nicht. Aber schon im 11./12. Jahrhundert verzeichnete sie nicht nur im Reich Erfolge vor allem gegen kleinere adelige Friedensbrecher. Nichtadeligen wurde das Recht auf das Tragen schwerer Waffen und eigenmächtige Gewaltanwendung generell abgesprochen – hielten sie sich nicht daran, galt ihr Leben mit oder ohne Prozess als verwirkt. So langsam sich diese Verbote durchsetzten, so trugen sie doch, neben anderen Faktoren (wie vor allem der Verbreitung des Räderpflugs und verbesserter Geschirre für Zugtiere), zu dem demografischen Wachstum, der relativen Prosperität und der kulturellen Blüte bei, die sich im Hochmittelalter entfalteten.

Der umfassende Landesausbau, von dem die deutsche Ostsiedlung einen Teil darstellte, veränderte auch die bestehende Agrarverfassung, und zwar nicht nur in den Kolonisationsgebieten, wo Neusiedlern attraktive Rechte eingeräumt werden mussten. Auch in den Altsiedellanden verstärkte sich, u. a. unter dem Einfluss marktwirtschaftlicher Entwicklungen, der Trend zur Grundherrschaft. Statt dass ein adeliger Herr von einem Gutshof aus einen großen Wirtschaftsbetrieb mit Hilfe leibeigener Fronpflichtiger führte, «verlieh» er nun meist einen Teil seines Landes an selbstständig wirtschaftende Bauern, die ihm dafür Ehrerbietung, bestimmte Abgaben an Naturalien oder Geld und nur noch in mehr oder minder geringem Umfang Dienste schuldeten. Allerdings mussten sie meist z. B. die herrschaftliche Mühle nutzen oder durften nur das von der Herrschaft gebraute Bier trinken (sog. Zwangs- und Bannrechte). Außerdem unterstanden sie in der Regel zumindest deren Niedergerichtsbarkeit. Davon abgesehen, gewannen sie zunehmend Freizügigkeit und konnten über ihre Arbeitskraft und ihren Arbeitsertrag weitgehend selbst verfügen, vielleicht sogar gegen Zahlung einer Pauschalsumme fortziehen, etwa in eine Stadt. Den anderen Teil des Landes bewirtschaftete der Herr dagegen meist mit Hilfe unfreier Landarbeiter weiterhin direkt oder übertrug ihn, vor allem in Westeuropa, mitunter einem Pächter, bei dem von einem persönlichen (Schutz- bzw. Abhängigkeits-)Verhältnis gar keine Rede mehr sein konnte. Überall war jedoch das Abgaben- gegenüber dem Fronwesen im Vormarsch, ein Prozess, der sich erst im 16. Jahrhundert östlich der Elbe wieder umkehrte.

Diese Abgaben wurden oft fixiert und teilweise in Geld umgewandelt, was einerseits den Bauern mehr Freiheit bei der Bewirtschaftung gab, andererseits viele Herren veranlasste, zur Verwaltung ihrer Einnahmen nach dem Vorbild der Klöster schriftliche Verzeichnisse anzulegen. Langfristig spaltete sich die bislang «einheitliche Herrengewalt» in verschiedene Herrschaftsformen (Grundherrschaft, Gerichtsherrschaft, Kirchenpatronat etc.) auf. Freilich waren die regionalen Unterschiede groß und Konflikte nicht selten. Nicht fixierte Lasten boten allemal einen Anlass zu Auseinandersetzungen. Aber selbst fixierte Lasten konnten problematisch sein, in Zeiten der Inflation für den – geistlichen oder weltlichen – Bezieher einer Geldabgabe, bei einer Missernte für den, der sie zu leisten hatte. Erhöhte oder untragbar erscheinende Dienst- oder Abgabenlasten trugen wesentlich zum Ausbruch großer Bauernunruhen bei, schon im 14. Jahrhundert in England und Frankreich, 1525/26 in weiten Teilen des Reichs, im 17. Jahrhundert z. B. in Polen, im 18. in Böhmen, Siebenbürgen und Russland. Meist waren die Bauern dabei allerdings wenig erfolgreich.

Am Landesausbau waren auch zahlreiche Klöster beteiligt. Vielfach verdankten sie ihre Grundherrschaften den Schenkungen adeliger Herren. Die Gründung eines neuen oder die Ausstattung eines älteren Klosters durch einen Edelmann oder eine Edelfrau diente manchmal dem Rückzug aus der Welt; als Mönch oder Nonne praktizierten diese dann das Ideal christlicher Demut. Die meisten Adelsfamilien verbanden indes mit dieser frommen Tat – ganz nach dem Motto: «Ich gebe, damit Du gibst» («Do, ut des») – die Hoffnung auf göttlichen Segen *und* materiellen Erfolg. Die Klöster blieben nämlich über die

Vogtei vorerst Bestandteil der adeligen Herrschaft. Vögte (advocati) waren ursprünglich von Karl dem Großen eingesetzt worden, um die Rechts- und Militärfragen von Reichsklöstern und -bistümern zu regeln. Aus Sicht des Kaisers und auch bedeutender Dynasten stellten Kirchen- bzw. Klöstergüter Teile ihrer Domänen dar, die dem Klerus lediglich zur Erfüllung bestimmter «öffentlicher Aufgaben» verliehen worden waren und daher bei Bedarf – wie schon von Karl Martell beim islamischen Vorstoß von 732 praktiziert – gegebenenfalls wieder in weltliche Hände zurückgeführt (säkularisiert) werden konnten. Im 10./11. Jahrhundert aber wurden auch die Vogteien erblich, und ihre Inhaber schalteten und walteten als eine Art Oberherren über die geistlichen Institutionen in ähnlicher Weise, wie es adelige Gründerfamilien mit ihren Eigenkirchen und -klöstern taten, die im Gegenzug mit ihrem Totengedenken das adelige Familienbewusstsein pflegten.

Diesen Laieneinfluss im monastischen Bereich suchte nun, neben manchen Bischöfen, jene – durchaus auch von Adeligen unterstützte – kirchliche Reformbewegung zurückzudrängen, die vom burgundischen Kloster Cluny, das dem Papst direkt unterstellt war, ausstrahlte. Denn Mönche und Weltklerus entwickelten eine einheitliche Identität als «Geistlichkeit», die sich für die kirchlichen Dinge allein zuständig fühlte. Mehr noch: Anknüpfend an ältere Ansätze und gestützt auf die Autorität, mit der der Papst anstelle des (ost-)römischen Kaisers bereits den fränkischen Herrscherwechsel von 751 legitimiert hatte, forderte Papst Gregor VII. (1073–1085) eine Unterordnung der weltlichen unter die geistliche Gewalt. Er und seine Nachfolger erklärten daher einzelne Könige und Kaiser für abgesetzt, kreierten dafür aber auch neue Kronen, z. B. in Serbien, Bulgarien oder in Portugal, wo dem Grafen von Porto, bisher Lehensmann des Königreichs León, der Königstitel verliehen wurde. Außerdem sollte natürlich nicht mehr der «fromme» weltliche Potentat Bischöfe, Äbte und Äbtissinnen einsetzen dürfen, sondern die geistliche Hierarchie sollte allein im Papst ihren Höhe- und Ausgangspunkt finden. Diese Forderung stellte die enge Bindung zwischen Reichskirche und Kaisertum in Frage, die eben darauf beruhte, dass der Kaiser zahlreiche Herrschaftsrechte auf Reichsbischöfe bzw. -äbte übertrug, die aufgrund ihres Zölibats im Gegensatz zu weltlichen Herzögen und Grafen nicht versuchen konnten, diese Rechte erblich zu machen. Das schloss zwar – wie noch im 17./18. Jahrhundert die ursprünglich lediglich reichsritterliche Familie Schönborn beweist – eine erfolgreiche Familienpolitik im Dienst der Kirche, verbunden mit dem Erwerb von Macht und Reichtum, niemals aus. Aber diese mittels Neffen und anderer Verwandter betriebene Politik (Nepotismus) hatte doch ihre Grenzen, vor allem innerhalb des Reichs.

Nach dem Kompromiss des Wormser Konkordats von 1122 konnte man dort für die geistlichen Ämter auf Wahlen nicht verzichten. Auf diese nahmen jedoch konkurrierende Adelsfamilien und weltliche Große, insbesondere der Kaiser, ebenfalls Einfluss. In Spanien und Frankreich erlangte die Krone für alle wichtigen geistlichen Würden sogar ein Nominationsrecht, welches das Papsttum bald nach 1500 in Konkordaten offiziell anerkannte. Das änderte allerdings nichts daran, dass vor allem das Bischofsamt überall mehr oder minder eine Domäne des Adels blieb. Da auch Domherrenstellen vielfach von Adeligen besetzt wurden und Gründerfamilien ihren Einfluss auf Eigenkirchen und -klöster teilweise wahrten, stellten die Kirchengüter weiterhin eine wichtige wirtschaftliche Basis für den Adel, insbesondere für einen Teil von dessen Töchtern und nachgeborenen Söhnen, dar. Das galt europaweit bis zur Reformation, in den katholischen Gebieten noch bis etwa 1800.

Spannungen zwischen kirchlichen Idealen und adeligen Familieninteressen ergaben sich auch im Bereich des Eherechts. Die Mächtigen des Frühen Mittelalters wechselten öfter ihre Neben-, aber selbst ihre Hauptfrauen. Auch gingen Erbschaften nicht immer vom Vater auf den Sohn über, sondern wurden anderweitig im Rahmen eines größeren Sippenverbandes vererbt, der auch die Seitenverwandten umfasste und innerhalb dessen häufig geheiratet wurde. Nun verbot die Kirche sowohl die Polygamie als auch die Heirat zwischen – sogar weit entfernten – Verwandten. Das eine Verbot warf das Problem der Scheidung bei Kinderlosigkeit der Ehefrau auf, das andere schwächte die

Solidarität innerhalb der Sippe, auch wenn es zumindest hier
Chancen auf einen (kostspieligen) Dispens gab. Beides aber trug
dazu bei, dass sich die Erbfolge in direkter männlicher Linie
langfristig durchsetzte, freilich bei vielen fürstlichen Geschlechtern erst um 1500, bei manchen auch noch später oder gar
nicht. So tauchte seit dem 11./12. Jahrhundert der Begriff
«Adelshaus» auf, und es wurden adelige Familiennamen üblich,
indem man sich nach dem Hauptort des eigenen Territoriums
oder etwa der (Haupt-)Burg nannte. Man heiratete seltener
innerhalb der eigenen Sippe. Dafür trieben Familienoberhäup-
ter gezielte Politik auf dem «Heiratsmarkt», wobei es für einen
«Herrn von ...» wichtig war, «unstandesgemäße» Ehen seiner
Kinder zu verhindern, insbesondere seines Ältesten. Im Spätmittelalter wurde nämlich in vielen Regionen des westlichen
Europa immer häufiger der Erstgeborene bevorzugt, wenngleich in unterschiedlichem Umfang, was natürlich zu innerfa-
miliären Konflikten führte. Insbesondere erhielt er unter Umständen die Verwaltung und Nutznießung großer Teile des Familienvermögens als Fideikommiss (s. Kap. III.5) übertragen.

3. Stände, Rittertum und höfische Kultur

An ältere Vorstellungen anknüpfend, führte die Identitätsbil-
dung des Klerus seit ca. 1000 immer öfter zur Formulierung
funktional ausgerichteter «Ständelehren». «Das Haus Gottes ist
dreigeteilt», schrieb um 1016 ein französischer Bischof seinem
König, «die einen beten, die andern kämpfen, die dritten end-
lich arbeiten.» Diese «klassische» Dreiteilung der Gesellschaft
in Geistliche (lat. oratores), Krieger (bellatores, nobiles, milites)
und – überwiegend als Bauern – Arbeitende (laboratores, agri-
colae) vermittelt ein Bild der damaligen Gesellschaftskonzep-
tion. Zwar differenzierte sich die Gesellschaft gerade in dieser
Zeit weiter – weshalb angesichts der Zunahme des Städtewe-
sens (s. u.) einige Autoren das Schema bald um weitere Stände,
nämlich Kaufleute und Handwerker, ergänzten, die schließlich
als «Bürger» zusammengefasst wurden. Aber andererseits
konnten der Kategorie der «Krieger» Personen zugerechnet

werden, die ursprünglich nicht zum Adel gehört hatten, die durch ihren Kriegsdienst nun jedoch in ihn hineinwuchsen. So trat die «Ritterschaft» als neuer Niederadel neben den älteren – und weiterhin höheren – Adel, der gemeinhin über mehr Güter und nicht zuletzt über die Hochgerichtsbarkeit, also das Recht über Leben und Tod, verfügte. Bei einer wachsenden Bevölkerung mit komplexer werdenden Herrschaftsstrukturen bedurften nämlich nicht nur die Könige, sondern auch die «Großen» ihrer eigenen Vasallen bzw. Ministerialen. «Rittertum» bedeutet dabei, mit unterschiedlichem Schwerpunkt: Amt, Würde, Stand und Idee. Die Nähe zur Macht war in jeder Hinsicht stets ein Faktor, um sozial aufzusteigen.

Dazu eignete es sich besonders, das Reich des eigenen Königs zu erweitern und gleichzeitig den christlichen Glauben zu verbreiten. Im Südwesten Europas bot sich dafür seit dem 11. Jahrhundert die Rückeroberung (Reconquista) des an islamische Herrscher gefallenen Hauptteils der Iberischen Halbinsel an. Die kirchliche Reformbewegung machte nämlich aus Hegemonialkämpfen – noch «El Cid» († 1099) diente anscheinend diversen christlichen wie auch muslimischen Fürsten – endgültig einen «heiligen Krieg» gegen die «Ungläubigen». Dieser fand erst mit der Eroberung Granadas 1492 seinen Abschluss, um in Nordafrika und Amerika, das Kolumbus im selben Jahr entdeckte, seine Fortsetzung zu finden. Geführt wurden die Feldzüge durch Adelige, zum Teil nachgeborene oder uneheliche Söhne großer Herren. Aber auch zahlreiche Reiter einfacher Herkunft kämpften für «Gott und den König». Danach beanspruchten sie einen adeligen Rang, der ihnen oder ihren Nachkommen in vielen Fällen durch königliche Ernennung oder, nach einem Prozess, durch eine königliche Kanzlei zugestanden wurde. Es war der mit einem Königsmord verbundene Wechsel auf dem Thron von 1369, der speziell die Politik Kastiliens für lange Zeit in eine höchst adelsfreundliche Richtung lenkte: In großer Zahl vergab die «Bastard»-Linie Trastámara königliche Rechte an Untertanen. Im Zuge eines massenhaften, meist anonymen Aufstiegs wurden aus wohlhabenden Bauern Landedelleute (span. hidalgos, entsprechend port. fidalgos).

Auf höherem Niveau brachten es reiche und teilweise gebildete städtische Reiterkrieger (caballeros) nicht selten zu adeligen Ratsherren, die sich mit den ihnen gleichgestellten universitär gebildeten Juristen das Stadtregiment teilten. Weite Teile Andalusiens wurden schließlich zu einem Dorado des neuen Hochadels. So bot sich seit der Reconquista Abertausenden die Chance auf persönliche Bewährung, reiche Beute, ein Lehen und einen höheren Rang, vor allem aber auch auf religiöse Verdienste. Denn der Kampf für das Christentum verlieh dem Leben eines Ritters neben dem eines Geistlichen eine besondere Würde, eine eigenständige Berechtigung vor Gott.

Aus diesen Gründen fand auch der Aufruf Papst Urbans II. zum ersten Kreuzzug, der das Heilige Land wieder unter eine christliche Herrschaft bringen sollte, so großen Widerhall (1095). Die «Fahrt übers Meer» wurde für die Adeligen und Ritter vor allem in Frankreich und Deutschland geradezu zu einer moralischen Verpflichtung. Viele kehrten nicht mehr zurück, andere verarmten, denn allein ein Reitpferd kostete in Mittelfrankreich im 11. Jahrhundert weit mehr als ein Gespann Ochsen, ein langes Kettenhemd so viel wie ein mittlerer Bauernhof. Ferner erforderte die neue Kavallerietaktik Helm, Schwert, Lanze, Schild, Dolch usw., bestand sie doch aus einem Angriff gepanzerter Reiter mit «eingelegter Lanze». Aber wer sich diese Dinge leisten konnte, vermochte auf der sozialen Stufenleiter emporzusteigen. Denn die Großen brauchten auf ihren Kriegszügen Gefolgsleute, die ihrerseits wehrhaft und prestigeträchtig ausgerüstet sein sollten. Außerdem waren seit dem 9. Jahrhundert, vor allem seit ca. 950, Tausende von Burgen entstanden. Viele germanische Völker hatten nur von Palisaden umgebene Herrenhäuser gekannt. Baute man nicht ohnehin neue, zunächst hölzerne Wohntürme auf künstlich aufgeschütteten Hügeln (wie die Normannen) oder auf natürlichen Anhöhen, wurden derartige Häuser nun zunehmend durch Mauern und Gräben geschützt und durch immer neue Anbauten zu militärischen Stützpunkten und gleichzeitig zu wirtschaftlichen und sozialen Zentren ausgestaltet. Diese aber mussten bei Abwesenheit des Herrn mit Vertrauten besetzt werden, Burgvögten bzw. -grafen,

denen man gegenüber einer etwa aus 10–20 Rittern bestehenden Burgbesatzung und den Untertanen der Umgebung Befehlsgewalt und Sanktionsrechte einräumen musste. So konnten hier
Freie bzw. vor allem zahlreiche qualifizierte, mit Dienstlehen
versehene Ministerialen zu Rittern, schließlich sogar zu Adeligen aufsteigen.

Ministerialen standen sowohl im Dienst der Reichskirche,
des Kaisers, als auch – besonders im Südosten des Reiches – von
Fürsten. Sie wurden u. a. zur Verwaltung der zum Teil neu gegründeten Städte eingesetzt, trieben darüber hinaus aber oft
auch selbst Handel. Nicht selten nutzten sie ihre hervorgehobene Stellung, um gemeinsam mit reichen Kaufleuten ein Patriziat
zu bilden. Vor allem im Falle der alten Bischofsstädte tauschten
sie oft die bisherige Stadtherrschaft gegen den Status einer
Reichsstadt, deren Oberhaupt der Kaiser, deren Regierung aber
das Patriziat selbst bildete. Mitunter – etwa im Falle des mächtigen Nürnberg – galt auch diese Stadtelite schließlich generell als
adelig, nachdem der Rat hier noch im 15. Jahrhundert die An-
nahme von Adelstiteln oder die Mitgliedschaft in Adelsgesellschaften verboten hatte, um die Unterschiede *innerhalb* der
regierenden Oligarchie zu begrenzen. Andernorts musste sich
diese Führungsschicht freilich die Stadtherrschaft seit dem
14. Jahrhundert mit Zunftbürgern teilen. Aber selbst dort, wo
sich die Zünfte gänzlich durchsetzten, bedeutete das nicht automatisch, dass die adelige Lebensweise nicht in mancher Hinsicht weiterhin attraktiv auf die bürgerlichen Eliten gewirkt
hätte (vgl. Kap. III.1) – trotz gelegentlicher Konflikte mit benachbarten Herren.

Im Reich dürfte die Schicht aufsteigender Ministerialen viel
breiter gewesen sein als in Frankreich. Deutlicher und länger
suchten sich dementsprechend Angehörige des älteren Adels
hier als «Edelfreie» abzugrenzen, während in Frankreich das
Ritterideal schon früh Königtum, Altadel und ritterliche Freie
verband. Im Übrigen aber lebten in beiden Ländern die meisten
Adeligen im 13./14. Jahrhundert in (teilweise noch lange stroh-
gedeckten) Herrenhäusern oder auf Burgen inmitten ihrer
Grundherrschaften. Sie begannen, innerhalb der Hierarchie von

oben nach unten, Siegel und erbliche Familienwappen zu verwenden, und unterschieden sich auch dadurch von der Masse der Bevölkerung. Vor allem aber wurde der Adel erstmals übergreifend als hierarchisierter, aber rechtlich geschlossener Stand (status) gesehen.

Auf Reichsebene fand man dafür um 1200 des Bild der «Heerschildordnung» («Heerschild» war die Befugnis, Vasallen aufzubieten). Demnach führte der deutsche König den 1. Schild, die damals gut 100 geistlichen und weltlichen Reichsfürsten als seine unmittelbaren Vasallen den 2. bzw. 3., deren größere edelfreie Vasallen, nämlich Grafen und Herren, den 4., die kleineren den 5., die Ministerialen den 6., jene Lehnsleute aber, die ihrerseits keine Vasallen besaßen, den 7. Schild. In Frankreich wurden die erbrechtlichen Privilegien des Adels, die Steuerbefreiung für die Heeresfolge etc., meist auf Ebene einzelner «Provinzen» (Champagne, Flandern) schriftlich fixiert. Generell unterschied man hier um 1350 zwischen 1. «tituliertem» Adel: Prinzen, Herzögen, Grafen (ca. 1% aller Adeligen), 2. «chevaliers» (rd. 15%) und 3. dem jungen bzw. niederen Adel (ca. 84%), zu dem sich von Anfang an auch die «Schildknappen» zählten. Das waren Adelssöhne, die es etwa wegen der Kosten der Ausbildung nicht bis zur Schwertleite brachten, welche im Spätmittelalter allerdings ohnehin rasch aus der Mode kam. So entstand, wie im Reich, über die Zwischenstufe eines Berufsstandes ein Geburtsstand.

Anders als in Frankreich unterschied man auch in den italienischen Teilen des Reichs zwischen Groß- und Aftervasallen. Im Mittelmeerraum wohnte der alte Adel großenteils in den Städten. Wo er die bürgerliche Kaufmannschaft offen verachtete oder aber mit ihr zu heftig konkurrierte, konnte es vorkommen, dass Adelige, wie in manchen kastilischen Städten, gezwungen wurden, ihre Titel während ihrer Amtszeit ruhen zu lassen, oder dass sie gar völlig vom Magistrat ausgeschlossen wurden – freilich auch hier, z. B. in Barcelona, zugunsten quasiadeliger «ehrbarer Bürger», die anschließend ihrerseits in den Adel drängten. Ähnlich wie in Mitteleuropa bildeten dagegen in vielen Kommunen Oberitaliens beide Gruppen ein Patriziat, das die alte

Stadtherrschaft abschüttelte. Danach teilten sich, oft in einem bestimmten Zahlenverhältnis, hoher Adel (capitanei), niederer Adel (valvassores) und «Volk» (populus) die städtischen Ämter. Ansonsten aber waren Adelige und Nichtadelige zwar durch ihren jeweiligen Rechtsstatus (Wappen, Steuern, Strafrecht) geschieden, nicht aber durch das Konnubium. Im Übrigen betätigten sich in Nord- und Mittelitalien Adelige oft auch im Handel. Das galt in Florenz, wo sie 1293 sogar verpflichtet wurden, bürgerlichen Gilden beizutreten, und erst recht in den einzelnen Adelsrepubliken, namentlich in Genua und Venedig. In der Lagunenstadt etwa definierte sich der Adel lediglich dadurch, dass er seit dem 14. Jahrhundert die Angehörigen des Großen Rates stellte, der wiederum sämtliche Ämter der Republik vergab, und zwar ausschließlich an Mitglieder aus den eigenen Reihen. In das «Goldene Buch», welches die Magistratsmitglieder auflistete, wurden indessen in manchen Epochen neue Familien aufgenommen, wenngleich in unterschiedlicher Frequenz.

Doch nicht in den großen Handelsstädten Italiens, sondern an den miteinander konkurrierenden «französischen» Höfen, in Anjou, in Burgund, entwickelte sich schließlich die gesamtgesellschaftlich vorbildliche Form einer neuartigen Laienkultur. Hierzu mögen die Kreuzzüge einen Beitrag geleistet haben, indem sie den Gesichtskreis der Kreuzfahrer erweiterten und sie mit orientalischen Luxusgütern (wie Teppichen) konfrontierten, nach denen Fürsten und Adelige nun vermehrt verlangten. Denn die ersten Burgen waren ziemlich unromantische, einfache steinerne Gebäude, kaum möbliert, teilweise auf zugigen Bergkuppen gelegen und im Winter eiskalt, da nur ein einziger, vornehmlich von Frauen bewohnter Raum beheizt wurde. Ebenso war es freilich mit Unannehmlichkeiten verbunden, im Tross eines großen Herrn immer wieder einmal zwischen verschiedenen Städten, Burgen oder Schlössern hin- und herzuziehen. Feste Residenzen entwickelten sich nämlich nur langsam. Traditionell bedurfte es eines «Reisekönigtums», um ein großes Gefolge standesgemäß zu versorgen, was ohne ausgebautes Steuersystem an einem einzigen Ort zunächst auf Dauer kaum

möglich war. Aber vor allem jüngere Adelige suchten schon
deshalb die Nähe der Großen, weil sie die zeitraubende Ausbildung zum Ritter nur am Hofe eines mächtigen Herrn erhalten
konnten: Hier fanden nämlich die Hofjagden statt, große Turniere, bei denen man den Umgang mit Pferd und Waffen üben
und sich vor den Spitzen der Gesellschaft auszeichnen konnte.
Auch zog ein solcher Herr natürlich mit seinen Gefolgsleuten in
den Krieg, um gemeinsam mit ihnen zu kämpfen. Von ihm
konnte der Knappe schließlich Schwertleite bzw. Ritterschlag
empfangen.

Am Hofe winkten also Chancen und Ehren, und zwar nicht
nur im Sinne gesellschaftlicher Anerkennung oder erworbener
Ämter. Nicht zuletzt unter dem Einfluss der Kirche wurde
«Ehre» nämlich zunehmend verstanden als ein Ausdruck einer
verinnerlichten hohen Gesinnung. Der junge Mann lernte, wie
man sich bei Hofe zu verhalten hatte, also «höfisch» bzw. «höf-
lich» zu sein. Kleidung, Körperhaltung, Gestik, Esskultur (mit
Wild und Edelfischen als «Herrenspeisen»), höfische Spiele und
Tänze, Falken- und andere Jagden, aber auch ethische Normen
wurden als Distinktionsmerkmale zunehmend ausgeformt. Mit
europäischer Resonanz vermittelten Erzählungen über Alexander den Großen, König Artus und dessen Tafelrunde oder Parzi-
vals Suche nach dem Heiligen Gral die Ideale des Rittertums, zu
denen Beständigkeit, Eleganz, Selbstbeherrschung, Mäßigung,
Ehrerbietung gegenüber Gleichrangigen oder Höheren, Edelmut
gegenüber besiegten Feinden, «Milte» und Schutz gegenüber
Schwachen bzw. Untergebenen zählten. Römische, christliche
und germanische Tugend- und Ehrvorstellungen verschmolzen.
Okzitanische Troubadoure und deutsche Minnesänger wandten
sich in der Volkssprache mit «ritterlichem Anstand» nicht zuletzt an vornehme ungenannte – und in der Regel unerreichbare
– Damen. Ihr Liebesideal war ziemlich realitätsfern, ein Gesell-
schaftsspiel. Die Kirche stand ihm, wie überhaupt dem Hofleben, recht kritisch gegenüber. Doch prägte auch sie die ritterlich-höfische Kultur, die übrigens die Peripherie Europas (Irland,
Skandinavien, Polen-Litauen) spät oder gar nicht erreichte, mit:
Eine spezielle Weihe vermittelte dem Ritter, dass er im Dienste

des Höchsten stand, ein Mitglied der militärischen Gefolgschaft Christi sein sollte.

Gepflegt wurden diese Ideale vor allem durch die Ritterorden, die sich erstmals im Laufe der Kreuzzüge gebildet hatten. Das waren, jedenfalls seit dem 16. Jahrhundert, Verbände mit meist strengen Adelsproben. Die Mitgliedschaft bei den international, wenngleich zeitweise überwiegend aus französischen Rittern rekrutierten Johannitern/Maltesern galt jahrhundertelang europaweit als sicherer Adelsnachweis. Der von einem burgundischen Herzog 1430 gestiftete höfische Ritterorden vom Goldenen Vlies lebt in seinem Abzeichen als höchste Auszeichnung des Hauses Habsburg bis in die Gegenwart fort. Die Exklusivität der iberischen Ritterorden war nicht nur mit adeliger Herkunft, sondern auch mit der Vorstellung der «Blutsreinheit» verbunden, die, auf die Gesamtgesellschaft übertragen, bis ins 18. Jahrhundert hinein zur Diskriminierung aller Familien der Halbinsel führte, die einen Juden oder Moslem zu ihren Vorfahren zählten. Die Ritterorden dienten nämlich, neben der Versorgung ihrer Mitglieder, teilweise weiterhin dem Kampf gegen die «Ungläubigen», sie erwarben aber gerade dadurch zahlreiche Herrschaften und Güter, mitunter in verschiedenen Ländern. Bevor 1525 ein hohenzollernscher Hochmeister das Ordensland Preußen zu Gunsten seiner eigenen Dynastie säkularisierte, hatte es der Deutschherrenorden mit Hilfe zahlreicher Ritter aus ganz Europa im Kampf gegen die zunächst noch heidnischen Litauer dort sogar zum Landesherrn gebracht. Eine derartige Entwicklung zum «Ordensstaat» wollte der französische König vermeiden, als er den Templerorden durch eine Vielzahl von Verhaftungen und Hinrichtungen zerstörte und 1312 vom Papst aufheben ließ. Zwar entstand in Portugal der Christusorden als «Auffangorganisation» für ehemalige Tempelritter. Doch schon dessen Großmeister Heinrich der Seefahrer verwendete Teile des Ordensvermögens zur Finanzierung seiner Übersee-Expeditionen, und danach geriet der Orden in ähnlicher Weise unter königliche Kontrolle wie die fünf Parallelorganisationen im Nachbarland Spanien. Lediglich die Johanniter, die ihre Zentrale ab 1309 auf Rhodos und ab

1530 auf Malta hatten, vermochten bis 1798 ihre Souveränität zu behaupten.

Adelige Organisationen, die auf dem Prinzip der Gleichheit ihrer Mitglieder aufgebaut waren, konnten also nur schwer ihre Autonomie wahren. Das hing vermutlich nicht zuletzt mit der im Hochmittelalter entwickelten Vorstellung von einer gottgegebenen, hierarchisch gedachten Ordnung der Welt zusammen: Auf jeder Stufe standen ein Herr und ein Gefolgsmann (in der Regel natürlich mehrere), der diesem huldigte, Treue schwor und sich verpflichtete, ihm auf Aufforderung hin mit «Rat» und meist militärischer «Tat» (consilium et auxilium) beizustehen. Dafür sicherte ihm der Herr seinerseits Schutz und Unterhalt zu, was wiederum in der Regel die formelle Übertragung eines Lehens (beneficium, feudum) bedeutete. Diese «feudale» Bindung war grundsätzlich erblich, sollte aber durch erneute Huldigung von jeder Generation bestätigt werden. Umgekehrt konnte ein Herr seinem Vasallen dessen Lehen nur entziehen, wenn sich dieser einer Treueverletzung schuldig machte. Bei dieser Entscheidung hatten jedoch, wie der Prozess gegen Heinrich den Löwen zeigt, auch die übrigen Vasallen des Herrn ein Wort mitzureden. Denn «Rat» bedeutete mehr als einen unverbindlichen Ratschlag, er gab dem Herrn Auskunft darüber, ob seine Gefolgschaft sein Vorgehen als rechtmäßig einschätzte oder nicht. Handelte er aus deren Sicht aber rechtswidrig, brach *er* die Treue- und Schutzverpflichtung, und *sie* waren ihrer Pflichten ledig, ja selbst zum Widerstand berechtigt. So wurde im 13. Jahrhundert als Prinzip formuliert: «Was alle angeht, muss auch von allen gebilligt werden.»

Dabei ist «alle» natürlich nicht im heutigen demokratischen Sinn zu verstehen. Gemeint waren lediglich die «Größeren und Mächtigeren (des Reichs)», die teilweise selbst Herrschaft «von Gottes Gnaden» in Anspruch nahmen. Diese nannte man in Polen oder Ungarn später «Magnaten» (lat. magnus = groß), in Spanien seit 1520 offiziell «Granden». In Frankreich und England hießen sie «Pairs» bzw. «Peers» = Gleiche, wobei für sie der König nur ein «Erster unter Gleichen» war. Derartige, personell zunächst nicht präzise abgrenzbare Gruppen aber begannen sich als politische Korporationen zunächst vorrangig dort zu formieren, wo das Lehnswesen nicht nur gering ausgeprägt war wie in Skandinavien, Polen, Böhmen oder Ungarn, sondern relativ vollkommen wie im ehemaligen Karolingerreich und in England nach der normannischen Eroberung von 1066. So waren es die englischen Großen, die ihrem König Johann Ohneland im Jahre 1215 eine «Große Freiheitsurkunde» (Magna Charta Libertatum) abrangen, die unter anderem sie alle vor willkürlicher Verhaftung durch den König schützen sollte – die hochadelige Wurzel eines «Bürgerrechts» nach dessen demokratischer Ausweitung. Schließlich wurden aus Zusammenkünften solcher Großer bzw. aus «Hoftagen», auf die ein Fürst die ihm wichtig erscheinenden Vasallen einlud, um mit ihnen bedeutsame Fragen von gemeinsamem Interesse zu besprechen, mit der Zeit institutionalisierte «Land-» bzw. «Reichstage». Die – zumindest faktisch – eigenständigen Herrschaftsträger bildeten nämlich sozusagen das Reich bzw. das Land, wie etwa die Formel «Kaiser und Reich» andeutet.

Die Entstehung der Stände im politischen Sinne hatte mit dem wachsenden Geldbedürfnis der Fürsten zu tun, das wiederum hauptsächlich eine Folge einer erneuten, im Spätmittelalter sich vollziehenden Wandlung des Kriegswesens war. Schon die kleinen Ritterheere des Hochmittelalters waren nicht ganz ohne Fußvolk ausgekommen. Im Laufe der Zeit wurden die Rüstungen immer gewichtiger, und ein vom Pferd gestoßener schwer gepanzerter Ritter hatte Mühe, ohne fremde Hilfe wieder aufzusteigen. Bei verschiedenen Schlachten des 14./15. Jahrhunderts zeigte es sich zudem, dass die unbeweglichen Panzerreiter, nur auf sich gestellt, wenig ausrichten konnten gegen eine größere Schar geübter Bogenschützen, die auf ihre Pferde zielten, oder gegen einen Haufen mit langen Spießen bewaffneter Landsknechte, die in einem festen Block standen. Auch deshalb war der Blutzoll, den der gerade in Westeuropa ohnehin durch die Krisen der Zeit (Pest, Missernten, Kriege zwischen Fürsten bzw. Adelsbünden) oft schwer getroffene alte Adel zu entrichten hatte, so hoch: Bei Azincourt fielen 1415 über 5000 französische Ritter, der englische Hochadel rottete sich in den Rosenkriegen praktisch selbst aus, und in Kastilien oder auch in Schottland, wo indes eine klare Grenze zwischen Adel und Nichtadel noch fehlte, sah es nicht viel besser aus. Auch der Zölibat trug seinen Teil zum Aussterben zahlreicher Geschlechter bei, andere verloren ihren Besitz und letztlich ihren Stand. Gleichzeitig aber stiegen neue Familien in den Adel auf; die soziale Mobilität war also erheblich.

Von einer allgemeinen Adelskrise wird man zwar kaum sprechen können, aber der Anpassungsdruck, der im Spätmittelalter auf zahlreichen Familien lastete, war erheblich. Unter diesen Umständen waren viele Adelige gezwungen, sich in den Dienst eines Mächtigeren zu stellen. Dazu boten sich Ämter bei Hofe oder in der Verwaltung an, die ihnen auch ohne besondere (etwa akademische) Qualifikation übertragen wurden, oder ein Dienst als Offizier. Während in Skandinavien, Polen oder Sizilien das königliche Heeresaufgebot weiterhin eine Rolle spielte, waren es in Norditalien nun Condottieri, meist kleinadelige Militärunternehmer mit sozialen Aufstiegschancen, welche die neuen Heere zusammenstellten. Dabei bildete die «schwere Reiterei» als Angriffswaffe nur mehr einen Teil der Armeen, eine wachsende Zahl von Pikenieren und proportional zunehmend von Musketieren stellte dagegen die eher defensive Hauptmasse. Dazu kamen jetzt noch Artilleristen, gegen deren Beschuss man sich nur durch den kostspieligen Bau immer dickerer Mauern schützen konnte. Vor allem aber dienten diese Landsknechte bzw. Söldner nicht aus Lehnstreue, sondern sie wollten bar bezahlt werden – ebenso wie nun auch viele adelige Offiziere. Dabei gehörten die neuen Heere, zusammen mit ihren neuartigen Waffen, zu den Voraussetzungen der im 15. Jahrhundert beginnenden europäischen Expansion.

III. Der Adel in der Frühen Neuzeit
(16.–18. Jahrhundert)

1. Wer war adelig und wie wurde man adelig?
Adelsdichte und Adelshierarchie in verschiedenen Ländern

Die Frühe Neuzeit, also jene Epoche, deren Beginn man oft mit der europäischen Übersee-Expansion in Verbindung bringt, «erbte» vom Mittelalter eine voll ausgebildete Adelswelt. Dennoch gab es sehr verschiedene «Adelslandschaften», was sich allein schon aus der höchst unterschiedlichen Dichte der adeligen Populationen ablesen lässt. Gebiete, die in der Vergangenheit zur Verteidigung gegen äußere Feinde – in der Regel «Glaubensfeinde» – immer eine große Anzahl wehrfähiger Männer benötigt hatten oder in denen sich die alte Vorstellung halten konnte, jeder Eigentümer eines (steuer-)freien Bodens (der eben, anstatt Steuern zu zahlen, theoretisch selbst kämpfte) sei von adeliger Natur, wiesen eine hohe Adelsdichte auf. Das galt vor allem für Teile Polens, Ungarns und Spaniens. In Masowien, Grenzgebiet zu den lange heidnischen Pruzzen (Preußen), dürfte der Adelsanteil noch im 18. Jahrhundert bei 20–25 % gelegen haben, in ganz Polen 1772 bei mindestens 6–6,5 %. In Ungarn, das im 16.–18. Jahrhundert zwischen Habsburgern und Türken umkämpft war, betrug er zur gleichen Zeit etwa 5 %.

Noch viel krasser war die Lage in den kantabrischen Küstenregionen Spaniens, von denen seit dem 11. Jahrhundert die Reconquista vorangetrieben worden war. Gegenüber ihrer Krone setzten die Baskenprovinzen Vizcaya und Guipúzcoa im 16./17. Jahrhundert rechtlich bzw. wenigstens faktisch durch, dass dort *jeder* Einheimische als adelig zu gelten hatte. Ganz anders sah es in Andalusien aus, wo weniger als 1 % Adelige zu finden waren. Bei der Eroberung hatte die Krone nämlich große Teile dieses Landes ihren wichtigsten Vasallen übertragen. Seitdem herrschten dort Granden über riesige Latifundien. Im

Schnitt dürfte der spanische Adel um 1500 einen Bevölkerungsanteil von ca. 10% gehabt haben, 1768 waren es dann nach offiziellen Angaben noch ca. 7,6%, 1797 lediglich noch rund
3,6%. Das hatte mit der Politik der Krone zu tun, die – nicht
zuletzt aus volkswirtschaftlichen und fiskalischen Gründen –
die Zahl der Adeligen reduzieren wollte. Als politische Konsequenz aus ihrem Verlust an Sozialprestige wurden einfache Adelige mit unstandesgemäßer Lebensweise nicht mehr als solche
anerkannt. Wenngleich das literarische Bild für die Mehrzahl
der Hidalgos nicht repräsentativ sein mag, zeigt etwa die trauri-
ge Gestalt des Don Quijote, wie wenig Reputation bereits um
1600 ein wenig betuchter Edelmann besitzen konnte.

Vor allem in der zweiten Hälfte des 16. Jahrhunderts schloss
sich der Adel in so unterschiedlichen Ländern wie Dänemark
und Italien immer mehr ab. In Frankreich begann die Krone
dessen «Juridifizierung» voranzutreiben – auch im Interesse des
Adels selbst, der sich durch bäuerliche Aufständische wie bürgerliche Aufsteiger bedroht fühlte. Adelsusurpationen oder, po-
sitiver ausgedrückt, «Anlagerungen an den Adel» hat man sich
zum Beispiel so vorzustellen: Ein wohlhabender französischer
Bürger erwirbt um 1570 das Lehen «Beaulieu». Dafür zahlt er
an den König den *Franc fief* sowie weiterhin als direkte perso-
nale Steuer die *Taille personnelle*, beides Abgaben, von denen
Adelige befreit sind – was diese als solche kennzeichnet. Nun
aber besticht er den örtlichen Beamten. Viele königliche Amtsträger gab es damals nicht, und deren Kontrolle war, schon wegen der Wirren der Hugenottenkriege, schwierig. Also veran-
lasst er den Beamten, seinen Namen aus den Steuerlisten zu «ra-
dieren». Außerdem tritt er gegenüber seinen abgabenpflichtigen
Bauern als «Seigneur de Beaulieu» = «(Grund-)Herr von Beaulieu» auf. Schließlich nennt er sich einfach «Monsieur de Beaulieu» und führt das Leben eines Landadeligen. Natürlich lässt
das französische «de» ebenso wie das niederländische «van»
oder gerade im Nordwesten Deutschlands das «von» nicht
zweifelsfrei auf einen Adeligen schließen, da es sich eben auch
um eine bloße Herkunftsbezeichnung handeln kann (und umgekehrt benötigte nicht jeder echte Adelige ein derartiges Prädi-

kat). Aber nach zwei Generationen und einem Umzug in eine andere Provinz zweifelt zumindest dort niemand mehr daran, dass die angesehenen, reichen de Beaulieu eine richtige Adelsfamilie sind. Solange die staatliche und erst recht die zwischenstaatliche Kontrolle schlecht funktionierte, hatten es Grundbesitzer, aber etwa auch Offiziere also nicht besonders schwer, sich einen Adelstitel zuzulegen. (Noch einfacher machten es sich die patrizischen Oligarchen der Schweizer Städte Bern und Freiburg/Fribourg, die sich 1782/83 selbst das Recht zusprachen, ihren Namen ein «von» voranzustellen – ein freilich ungewöhnlicher Fall republikanischer Selbstnobilitierung.)

Um dieser Praxis entgegenzutreten, erklärte die französische Regierung 1579/83, dass der Erwerb oder langfristige Besitz eines Lehens keineswegs auch den Besitz adeliger Vorrechte impliziere. Sie überprüfte erst in einzelnen Provinzen, 1664/69 und 1691/94 dann ziemlich landesweit, die Adelstitel und schloss Unberechtigte aus – wenngleich unsystematisch und oft inkonsequent, so dass wohl zumeist jene, die einmal sozial als Adelige akzeptiert worden waren, behördlich auch als solche anerkannt wurden. Vielleicht fiel nun eine «dokumentierte» Adelsfamilie bei Verarmung sogar seltener aus dem Adel heraus, als es der Fall gewesen wäre, solange das «Lokalprestige» allein den Ausschlag gab. Zudem ging in einem solchen Fall in manchen Provinzen der Titel nicht endgültig verloren, sondern «ruhte» nur, ähnlich wie etwa in den Niederlanden. Nichtsdestoweniger sank auch in Frankreich – trotz eines vermutlichen «Zwischenhochs» um 1600 – der Adelsanteil, und zwar bis 1789 vermutlich auf etwas unter 1%, nachdem er um 1300 schätzungsweise bei 1,8%, um 1500 bei 1,5% gelegen hatte. Nur die Bretagne und Teile der Normandie lagen mit ca. 1,2–1,3% noch signifikant über, andere Landesteile, etwa die Franche-Comté mit ca. 0,6%, klar unter diesem Wert. Für italienische Staaten dieser Zeit lassen sich ähnliche Durchschnittszahlen ermitteln (Lombardei und Neapel-Sizilien ca. 1%, Herzogtum Mantua nur 0,3%). Für die Reichsterritorien liegen die Werte eher noch darunter (Preußen ca. 1%, Sachsen 0,5%, Bayern 0,3%). Der extrem niedrige Adelsanteil in Böhmen (bis

1793 sinkend auf 0,1%) ging wesentlich zurück auf die Flucht, Verarmung bzw. Enteignung vieler alteingesessener protestantischer Familien nach dem Sieg von Kaiser und Katholischer Liga am Weißen Berg (1620) – ein Vorgang, der vor allem in Niederösterreich eine gewisse Parallele besaß. Bei etwa 0,2% dürfte sich um 1600 der Adelsanteil in Skandinavien bewegt haben. Bis zum 18. Jahrhundert stieg er jedoch in Schweden auf 0,5%, während er sich in Dänemark in etwa halbierte.

Unterschiedliche politische wie ökonomische Entwicklungen spielten auch in den Niederlanden eine Rolle. Während die frühneuzeitliche Adelsdichte im heutigen Belgien aus europäischer Perspektive keine Besonderheiten aufwies, sank sie in den Vereinigten Niederlanden auf einen so niedrigen Wert wie – vermutlich – sonst nur in der «entaristokratisierten» Schweiz, wo sich der Adel im 15. Jahrhundert im habsburgisch-eidgenössischen Kampf kompromittiert hatte, sowie in gewissem Sinne auf den Britischen Inseln. Wie andere westeuropäische Adelsgesellschaften war auch die niederländische nach 1300 infolge von Kriegen und Epidemien in eine Krise geraten, die sich in sinkenden Geburten- und steigenden Sterbeziffern ausdrückte. Vor allem aber verlor sie an Macht und Vermögen, und zwar gegenüber dem Stadtbürgertum. Während die Städte durch Gewerbe und Handel reich wurden, erlebte der alte Adel im Spätmittelalter durch einen inflationsbedingten Werteverfall bei seinen Grundabgaben eine Einbuße an Kaufkraft in Höhe von 20–25%. Immerhin steuerten die burgundischen Herzöge durch Nobilitierungen und die Bevorzugung von Adeligen bei der Ämtervergabe dem adeligen Bedeutungsverlust entgegen. Doch nach dem Beginn des «Freiheitskampfes» (1566/68), bei dem Adelige eine führende Rolle gespielt und dementsprechend auch Blutzoll entrichtet hatten, und der Gründung der niederländischen Republik (1579/81) sank die Zahl der Adelsfamilien geradezu dramatisch: in Holland von 29 (1555) auf 6 (1730), in Friesland von 58 (1600) auf 16 (1795), in Groningen im gleichen Zeitraum von 45 auf 10! Ein ähnlicher Rückgang lässt sich in der Republik Genua verzeichnen: 289 Familien im Jahre 1621, 1797 dagegen nur noch 128.

Wie ist das zu erklären? Zunächst einmal durch einfache genealogische Überlegungen. Hierbei ist zu beachten, dass das
Wort «Familie» auch im neuzeitlichen Adel sowohl das durch
gemeinsame Herkunft namensmäßig verbundene Geschlecht
meinen kann als auch einzelne Linien, in die sich ein Geschlecht
– möglicherweise auch noch weit verzweigt – aufgespalten hat.
Dabei werden dann unter Umständen die von den einzelnen
Linien geerbten Herrschaften dem Geschlechtsnamen angefügt,
z. B. Fugger-Glött, Fugger-Babenhausen, Fugger-Kirchheim etc.
Hat indes eine Adelsfamilie (im erstgenannten Sinn) zwei Kinder, so beträgt die Wahrscheinlichkeit 25 %, dass es sich dabei
um zwei Töchter handelt. Die Gefahr, dass der Familienname in
der nächsten Generation verloren geht, ist sogar noch größer,
da nicht jeder Sohn legitime Nachkommen zeugt. Aber auch
ohne dies existiert nach vier Generationen oder rund 100 Jahren nur noch knapp ein Drittel der ursprünglichen Adelsfamilien – wohlgemerkt: ohne dass deswegen die *Zahl* der Adeligen
sinken würde! Das ist allerdings dann der Fall, wenn die durch-
schnittliche Zahl der (legitimen) Kinder, die ihrerseits heiraten
und Kinder bekommen, unter zwei sinkt, sei es durch die verbreitete Ehelosigkeit etwa zölibatär lebender Adeliger, sei es
durch eine hohe Zahl an Todesfällen gerade bei jüngeren Adeligen, zum Beispiel durch den Schlachtentod zahlreicher Offiziere. Ausgleichen lassen sich diese Verluste nur dadurch, dass
neue Adelsgeschlechter durch Usurpation «entstehen» oder
dass sie «geschaffen» werden.

Schon im 13. Jahrhundert finden sich die ersten Beispiele,
dass ein Monarch einen Untertanen durch einen feierlichen Akt
bzw. ein entsprechendes Dokument (Adelsbrief) in den Adelsstand erhob. Ob der Betreffende damit dann schon ebenbürtig
war, blieb freilich offen. Nicht selten wurde behauptet oder sogar festgelegt, dass ein Adelstitel erst nach drei oder vier Generationen in einer Familie endgültig erblich werden sollte, womit
er sozusagen geburtsadeligen Charakter gewann. In Frankreich
etwa existierten einige tausend nobilitierende Ämter. Aber nur
ein kleinerer Teil von ihnen – meist entsprechend kostspielige –
verliehen unmittelbar einen erblichen Adel. Die anderen Ämter

mussten in der vierten Generation bzw. 100 Jahre lang von der-
selben Familie besetzt werden, damit diese den «unvollendeten
Adel» verließ. Dabei konnte allerdings in vielen Fällen seit 1604
ein Amtsinhaber gegen Geld seinen Nachfolger bestimmen. So
wuchs in Frankreich – ähnlich beispielsweise in Portugal – der
Anteil des Roben- oder Amtsadels gegenüber dem alten
Schwertadel an. Noch 1789 wurde es jedoch von Provinz zu
Provinz unterschiedlich gehandhabt, ob man «unvollendete
Adelige» zu den Wahlversammlungen des Zweiten Standes zu-
ließ oder nicht.

Erwerb eines nobilitierenden Amtes, vereinzelt auch die Wahl
in ein führendes städtisches Amt einer besonders privilegierten
Stadt (wie Toulouse) oder die Verleihung eines Adelstitels, im
17./18. Jahrhundert meist an einen verdienten hohen Beamten
oder Offizier – dies waren die «regulären» Wege in den Adel.
Weil auch dabei regelmäßig Zahlungen an den den Adel verlei-
henden Souverän zu leisten waren, liegt bei verschiedenen Monarchen inner- und außerhalb Frankreichs der Verdacht nahe,
dass deren Nobilitierungstätigkeit nicht nur der Belohnung der
Betreffenden, sondern auch der Auffüllung des Staatssäckels
dienen sollte. Selbst regelrechte Massenverkäufe von Adelstiteln
kamen vor, etwa unter Heinrich III. und Ludwig XIV. Nach
1715 hielt sich in Frankreich die Zahl neuer Adelsbriefe jedoch
relativ in Grenzen, und auch der Erwerb nobilitierender Ämter
wurde schwieriger, während gleichzeitig anscheinend die Nach-
frage nach Adelstiteln ebenfalls zurückging.

Im Reich zählten Standeserhebungen zu den Reservatrechten
des Kaisers. Nur er (bzw. in «kaiserlosen» Zeiten zwei Kurfürsten als Reichsvikare) oder in seinem Namen wirkende große
Reichspfalzgrafen, denen das Recht zur einfachen Nobilitierung
speziell verliehen worden war, durften also streng genommen
jemanden adeln. Allerdings begannen die altbayerischen Wittelsbacher bereits 1606, die Hohenzollern nach dem Erwerb der
Souveränität über (Ost-)Preußen 1660 zu nobilitieren, und andere Kurfürsten taten es ihnen nach. Die kaiserlichen Behörden
in Wien erkannten diese Nobilitierungen jedoch nur teilweise
an – was juristische Probleme aufwarf, zumal selbst die Habs-

burger *als Landesherren* so genannte erbländische Adelstitel
verliehen, die formal nicht im (gesamten) Reich, sondern eben
nur in ihrer Monarchie galten. Andererseits hätten die einst
zum Reich gehörigen nördlichen Niederlande, nachdem sie
1648 allgemein als souverän anerkannt worden waren, anstelle
des Kaisers Nobilitierungen vornehmen können. Dass die Gene-
ralstaaten darauf verzichteten, erklärt den erwähnten drasti-
schen Rückgang der Anzahl der Adelsgeschlechter. Denn der
angesprochene natürliche Verlust an Adelsnamen wurde eben
durch die wenigen Nobilitierungen, die auswärtige Souveräne
Bürgern der Republik zukommen ließen, bei weitem nicht aus-
geglichen.

Aber auch in vielen anderen Ländern Europas – selbst in
Frankreich im 18. Jahrhundert, obwohl dort etwa 40–
50 000 Personen einen neuen Adelstitel erlangten – ging die Zahl
der Adeligen zurück, zumindest relativ zur Bevölkerung. Dass
dabei eine verhältnismäßig geringere Lebenserwartung eine Rolle gespielt haben könnte, ist schwerlich zu vermuten. Viel wahr-
scheinlicher ist dieses Phänomen primär als Folge adeliger Hei-
rats- und Geburtenpolitik zu erklären. Um das Familienvermögen zusammenzuhalten, heiratete am besten nur der älteste
Sohn. Die Notwendigkeit eines väterlichen Heiratskonsenses
(z. B. bis zum 25. Lebensjahr) und die – meist verinnerlichte –
Rücksicht auf das Familieninteresse veranlasste viele Töchter
und nachgeborene Söhne, erst spät oder gar nicht zu heiraten.
Oft wurde ihnen der Zölibat durch eine standesgemäße Versorgung als adelige Stiftsdame oder als Domherr versüßt, auch
wenn dadurch legitime adelige Nachkommen ausblieben. Gleiches galt für alle unehelichen Beziehungen adeliger Männer; nur
hochgestellte Persönlichkeiten erlangten gelegentlich für ihre
illegitimen Kinder einen Adelstitel. Außerdem lassen sich
zum Beispiel für den französischen Hochadel relativ früh Prakti-
ken der Empfängnisverhütung nachweisen. Indessen waren in
Frankreich Eheschließungen mit reichen Bürgertöchtern relativ
unproblematisch, da hier – anders etwa als im deutschen Stiftsadel – üblicherweise nur die männlichen Vorfahren zählten,
wenn es um die Aufnahme in eine exklusive Institution ging.

Wenn man, unter Anlegung streng rechtlicher Kriterien, für die Britischen Inseln von einem zahlenmäßig geradezu winzigen Adel sprechen muss, hat das allerdings wenig mit Geburtenplanung zu tun, sondern vielmehr mit der besonderen Struktur, welche die «Aristocracy» auszeichnete. Auf dem europäischen Festland trug nämlich jedes legitime Kind eines Adeligen dessen Titel – im Reich den jeweils höchsten, zumindest einen niedrigeren z. B. in Frankreich. In England hingegen erhielt nur der Erstgeborene nach dem Tod seines Vaters dessen Titel, seine Geschwister waren «Commoners». Das hatte Folgen für die politische Struktur des Inselreichs. Von den großen Clanführern in Schottland und Irland vermochten nur die schottischen Adeligen ein eigenes Parlament zu bilden. Im Dubliner Parlament saßen dagegen lediglich die Vertreter der Eroberer bzw. Einwanderer, also etwa die anglo-irischen Magnaten, nicht aber die gälischen Kleinkönige, die – als Katholiken – im 17. Jahrhundert endgültig jede Macht verloren. Aber nur wer (zumindest potenziell) über einen Sitz im Oberhaus von Westminster, Edinburgh (bis 1707) oder Dublin (bis 1800) verfügte, war ein «Peer». Dabei erhielten jedoch selbst diese Oberhäupter von maximal 380–500 Familien weder weitere Erbämter noch nennenswerte Steuerprivilegien. Um sich eine regierungstreue Mehrheit zu verschaffen, griffen Monarchen wie Jakob I. mitunter zu dem Instrument der «Peerschübe»: Reichen Angehörigen der Gentry wurde ein Sitz im Oberhaus zugesprochen.

Die Gentry aber, vielfach als englischer Landadel bezeichnet und von den Zeitgenossen auch so empfunden, war eine grundsätzlich nach unten offene lokale Elite von (je nach Weite der Definition) 1–3 % der Bevölkerung. Ihre führenden Kreise, die in England mit den Peers zusammen die eigentliche Elite der «notables» bildeten, bekamen zwar von der Krone Ämter, wie das des Friedensrichters, verliehen (womit die Krone auch auf den Britischen Inseln eine gewisse soziale Steuerung ausübte), und sie beherrschten neben städtischen Interessenvertretern das Unterhaus. Ihre Mitglieder führten jedoch nur teilweise bestimmte Titel (Knight oder Esquire, seit 1611 für die oberste Klasse der Gentry neu geschaffen: Baronet). Sie besaßen üblicherweise immerhin ein Wappen und teilten mit Akademikern das Recht der Jagd – ein 1671 gesetzlich fixiertes, praktisch singuläres und daher, wie die drakonischen Gesetze des 18. Jahrhunderts gegen Wilderei beweisen, mit allen Mitteln verteidigtes Privileg. Ob man ein Gentleman war oder nicht, entschied aber nicht die Herkunft und, zumindest nach 1640, auch kaum ein königlicher Herold, sondern das persönliche Ansehen, das sich auf eine gewisse Bildung, die Einhaltung eines speziellen Verhaltenskodex und einen bestimmten Lebensstil gründete, zumeist verbunden mit Pachteinnahmen und dem Besitz eines Landgutes. Dabei wurde um 1530, wohl recht realistisch, angenommen, das Jahreseinkommen aus Grundbesitz liege bei einem Knight (Ritter) bei £ 40, für einen Esquire (eigentlich «Knappe», später allgemein eine Art Junker) bei £ 20, für einen einfachen Gentleman bei £ 10. Eine Grenze zwischen dem erst im späteren 16. Jahrhundert auftauchenden Kollektivbegriff «Gentry» und dem gehobenen Bürgertum lässt sich indessen nur schwer ziehen. Denn als «Gentlemen» bezeichneten sich schon zuvor neben wohlhabenden Grundbesitzern etwa auch Geistliche.

Auch in Italien, dessen Adelsverhältnisse entsprechend den unterschiedlichen Rechtsverhältnissen in den verschiedenen Staaten sehr komplex waren, fehlte es vielfach bis Mitte des 18. Jahrhunderts an einer klaren rechtlichen Abgrenzung des Adels. Das galt am wenigsten für Venedig (s. S. 37) – wobei die Adelspatrizier der Lagunenstadt allerdings die Eliten der Terra ferma von der Mitregierung der Republik ausschlossen –, bedingt aber schon für die Territorien Neapel, Sizilien und Mailand. Dort setzten die von 1504/35 (mit Unterbrechungen zur Zeit Napoleons) bis 1859/66 herrschenden spanischen und österreichischen Habsburger bzw. spanischen, zuletzt freilich «italianisierten» Bourbonen nämlich lange Zeit auf die Mitarbeit der heimischen Eliten und verliehen, zusammen mit weiteren Potentaten, zahlreiche Adelstitel. Diese kamen in Mailand vor allem den heimischen Patriziergeschlechtern zugute, im Süden den Großgrund besitzenden Baronen, die vielfach in Neapel residierten, der um 1600 bevölkerungsreichsten Stadt der

Christenheit. So bildete sich hier – und im Gefolge in anderen
italienischen Staaten – eine Adelshierarchie nach spanischem
Vorbild heraus, wobei dem Hidalgo der gentiluomo entsprach.
Wer aber keinen Adelstitel erlangte, wurde in anderen Ländern
nicht automatisch als adelig anerkannt und musste sich bemühen, in einem der großen Orden, etwa bei den Maltesern, Aufnahme zu finden, um seinen Status zu dokumentieren. Dabei
hatte es sich schon im 16. Jahrhundert eingebürgert, dass die
wichtigen Ämter in den meisten Stadtstaaten erblich und in
manchen Fürstenstaaten regelmäßig an die Angehörigen bestimmter Familien vergeben wurden. Derartige Adelspatrizier
aber wurden im Ausland nicht ohne Weiteres als Adelige akzeptiert. Ein regelrechtes Adelsstatut erhielt zum Beispiel das Großherzogtum Florenz erst 1750. Immerhin bildeten Rechtsanwäl-
te, Magistratsmitglieder oder Universitätsprofessoren als «Zi-
vilklasse» (ceto civile) eine Art «Mittelstand» zwischen dem ti-
tulierten Adel und den «Volksklassen», und dessen Spitzengruppe – etwa in Neapel die höchsten Richter – kann als eine
Art Amtsadel betrachtet werden.

Es entsprach nämlich einer allgemeineren Tendenz speziell
des 15./16. Jahrhunderts, Männer mit Universitätsabschlüssen
Adeligen gleichzustellen. Karl V. entschied sogar, dass Gelehrte
gegenüber einfachen Rittern den Vortritt haben sollten. Solange
es nur wenige universitär gebildete Adelige gab, war die «Ge-
lehrtenbank», die etwa im Reich manche Gerichte wie auch verschiedene Domkapitel kannten, folglich eine Domäne des gebildeten Bürgertums. Im Übrigen aber bildete sich seit dieser Zeit
eine feste Titelhierarchie heraus. An der Spitze standen, nach
dem Kaiser und den Königen (denen gegenüber Ersterer nur
einen Ehrenvorrang besaß), regelmäßig Prinzen bzw. Fürsten,
z. B. Erzherzöge, als weitere Mitglieder eines mehr oder minder souveränen Hauses. In Frankreich gehörten dazu im
17./18. Jahrhundert nicht nur die Mitglieder der Bourbonen-
dynastie, sondern, als «ausländische Prinzen», etwa auch jene
der Häuser Lothringen oder Grimaldi-Monaco, zumindest soweit sie regelmäßig in Paris bzw. Versailles lebten. Zum Hochadel zählten ferner Herzöge, Mark- bzw. Landgrafen und Gra-

fen. Freiherren/Barone stehen an der Grenze zwischen Hoch-
und Niederadel: Im Reich nannten sich ursprünglich die Edel-
freien auch «Edel-» oder «Freiherren». Aber im Zuge der (per-
manenten) Titelinflation wurden sie bis ca. 1550 fast alle zu
Grafen, während sich die zumeist aus der Ministerialität her-
vorgegangenen Niederadeligen nun gern den Titel «Freiherren»
zulegten. Zweifelsfrei zum Niederadel zählen die Ritter, Edlen
sowie die Masse der einfachen «von», die allesamt ihren Landesherren unterstanden.

Auch in anderen Teilen Europas, im Norden und Osten freilich mit einer gewissen Verspätung, lässt sich die angesprochene
Titelinflation nachweisen. Für Spanien zählt man 1506 nur
53 «Titulierte», d. h. Herzöge, Markgrafen und Grafen, 1630
schon 212 (darunter ca. 41 Granden), 1787 rund 654 (davon
119 Granden), 1896 gar 1413 Títulos (inklusive 207 Granden).
Dänemark führte dagegen erst 1671 einen Stand der Grafen
und Freiherren mit speziellen Privilegien ein. Russland, das lange nur eine relativ geringe Zahl Dienstadeliger kannte (an der
Spitze: Bojaren; der letzte starb 1750), die, untereinander stets
in Konkurrenz, ihre Stellung und ihr Vermögen spätestens seit
Iwan IV. ausschließlich den autokratischen Zaren verdankten,
schuf einen einheitlichen Adelsstand im westlichen Sinne erst im
18. Jahrhundert. Peter I. erließ 1722 eine neue Rangtabelle: Alle
militärischen Ränge ab dem Fähnrich und alle höheren zivilen
Ämter verliehen den Erbadel, alle niedrigeren zivilen Stellungen
ab dem Kollegienregistrator den persönlichen Adel. Aber das
Offizierskorps rekrutierte sich auch weiterhin zu über 80 % aus
dem Erbadel. 1762 wurde der Adel jedoch von der Dienst-
pflicht befreit (was nur eine Minderheit nutzte) und seitdem offiziell mit Privilegien ausgestattet. Dazu gehörte das Monopol
auf den Besitz von Land und nunmehrigen Leibeigenen oder die
Teilnahme an den 1785 «von oben» geschaffenen Korporationen, die auf Gouvernements- und Kreisebene gewisse Mitwirkungsrechte und -pflichten erhielten.

Polen war eine Mischung aus prinzipieller «Adelsdemo-
kratie» und praktischer Oligarchie, in der sich alle männlichen Adeligen – wiewohl ökonomisch extrem differenziert

und in der polnisch-litauischen Union (hier einfach künf-
tig: Polen) unterschiedlicher ethnischer Herkunft, aber zunehmend «polonisiert» und «katholisiert» – grundsätzlich mit
«Bruder» ansprachen. Doch auch hier bemühten sich die Magnaten, die, wie in Ungarn, machtmäßig weit über der Masse
der einfachen Edelleute standen, bei ausländischen Souveränen
um einen Fürstentitel.

2. Die adeligen Privilegien

Anreden wie spanisch «Don», portugiesisch «Dom» (von lat.
dominus) oder, gleichbedeutend, deutsch «Herr» waren ebenso
wie französisch «Madame» oder deutsch «Fräulein» – das
Fausts Gretchen daher zurückweist – ursprünglich Adeligen
vorbehalten. Das allgemeinste Privileg des Adels bestand also in
einer besonderen – besonders ehrenvollen – Anrede bzw. Titula-
tur, die natürlich in sich differenziert war (so stand noch im
19. Jahrhundert bei Oberhäuptern standesherrlicher Familien
einem Grafen das Prädikat «Erlaucht», einem Fürsten «Durch-
laucht» zu). Ein Familienwappen führte auch mancher angese-
hene Bürger, doch achteten häufig Herolde oder Wappenämter
darauf, dass es zu keiner Anmaßung unstandesgemäßer Insig-
nien (wie etwa einem Ritterhelm) kam. Nur in Polen bildeten
Wappen, die sich im Besitz großer Familien- oder Klientelver-
bände befanden, angesichts des dortigen Mangels an Adelstiteln
ein entscheidendes Distinktionsmerkmal.

Meist, aber nicht durchgängig und nicht immer exklusiv
standen Adeligen folgende weitere Rechte zu:

1. Ehrenvorrechte wie ein bevorzugter Platz in der Kirche
oder das Recht, eine luxuriöse Kleidung (z. B. aus Seide), eine
Straußenfeder am Hut bzw. auch als Zivilist einen Degen am
Gürtel zu tragen.

2. Privilegien jurisdiktioneller Art: Adelige wurden nur durch
ihresgleichen gerichtet, weder in Schuldhaft genommen noch
gefoltert sowie gegebenenfalls mit dem Schwert «ehrenvoll» gerichtet, nicht «ehrlos» gehängt, außer in besonderen Fällen wie
bei Hochverrat. Ein adeliges Wort hatte mindestens dasselbe

Gewicht wie der Eid eines Nichtadeligen. So boten Privilegien und adeliges Ansehen schon im Prozess mancherlei Vorteile. Mitunter meinten zwar Gesetzgeber, an das Verhalten eines Höhergestellten erhöhte Ansprüche stellen zu müssen, und wollten daher bei gleicher Straftat einen Adeligen härter bestraft wissen als einen Nichtadeligen. Häufiger aber bevorzugten auch die Gesetze den Adel: Dann mochte der eine seine Haftstrafe in mehreren Räumen einer Festung bei anständiger Verpflegung verbüßen, der andere schmachtete in einem finsteren Loch bei Wasser und Brot. Dass in Polen bis 1768 ein Gutsherr für einen Mord an seinem Bauern nur zu einer Geldstrafe verurteilt wurde, war allerdings eine auch von Zeitgenossen kritisierte Besonderheit.

3. In Polen wie in Ungarn oder ab 1762 in Russland war der Erwerb von Grund und Boden dem Adel vorbehalten, in Preußen und zunächst auch in Dänemark wenigstens derjenige von bestimmten Gütern. Zu diesen ökonomischen Exklusivrechten könnte man etwa auch das Monopol der Wodka-Brennerei in Russland, in weiterem Sinne auch das weit verbreitete Recht, auf fremdem Boden zu jagen, zählen.

4. Ferner spielten politische Vorrechte eine Rolle: Adelige bildeten besondere Kurien auf Reichs- oder Landtagen (vgl. III.6) und hatten einen mehr oder minder exklusiven Anspruch auf bestimmte Herrschafts-, speziell Gerichtsrechte bzw. Ämter: Offiziers- und Diplomatenposten, höhere Positionen in Regierung, Justiz und Verwaltung oder auch die Mitgliedschaft in geistlichen Stiften, Kapiteln und Ritterorden.

5. Materiell nicht weniger wichtig war die Befreiung von staatlichen Lasten wie Steuern, Fronen, Einquartierungen oder dem persönlichen Milizdienst. Insbesondere waren Adelige in der Regel entweder von bestimmten, meist direkten Steuern ganz befreit, oder sie zahlten einen vergleichsweise niedrigen Steuersatz. Der schwedische Adel wurde bis ins 16. Jahrhundert sogar üblicherweise als «frälset» (von «frälse» = von Steuer befreit) bezeichnet. Absolutistischer Politik entsprach es allerdings, derartige Privilegien abzubauen bzw. bei der Ausschreibung neuer Steuern nicht zu berücksichtigen.

6. Hingegen wurde dem Adel das Recht zugesprochen, Familienvermögen wenigstens in der Masse vor Erbteilungen zu bewahren (vgl. III.5).

Für den einzelnen Adeligen waren diese Vorrechte freilich von höchst unterschiedlichem Wert, und zwar abhängig von verschiedenen Faktoren. Beispiel Steuerfreiheiten: Die Befreiung von direkten Steuern hatte auf der Iberischen Halbinsel im 18. Jahrhundert eine nur geringe materielle Bedeutung, da diese hier – wie zunehmend auch in England – gegenüber den indirekten Abgaben wenig ins Gewicht fielen. Dann aber kam es darauf an, ob etwa Luxus- oder Massengüter besonders stark besteuert wurden. Aus dieser Perspektive relativiert sich auch das fast völlige Fehlen einer adeligen Steuerfreiheit in England. Die Haupteinkommen der Peers und auch der ländlichen Gentry, nämlich jene aus der Landwirtschaft, wurden nämlich vergleichsweise immer weniger belastet, da die ländlichen Einkommen stiegen, die offiziellen Schätzungen, auf denen die Grundsteuer basierte, jedoch nicht revidiert wurden. So lag in den 1780er Jahren zumindest das Steuersoll des französischen Adels nur geringfügig unter dem des britischen. Neben dem jeweiligen Steuersystem hing das Ausmaß der Privilegierung aber natürlich auch von der individuellen Vermögenssituation ab.

3. Die Adelskultur:
standesgemäße Lebensweise und adelige Ehre

Vermögensverhältnisse (siehe III.5), individuelle Vorlieben, Alter und Geschlecht bestimmten die Lebensweise der einzelnen Adeligen. Idealtypisch setzte sich der Adel jedoch in jeder Hinsicht vom «gemeinen Volk» ab – schon rein äußerlich, wozu im 16./17. Jahrhundert (im 18. mit abnehmender Strenge) offizielle Kleiderordnungen ihren Beitrag leisteten. Adelige trugen Kleider von gehobener Machart, aus kostbaren Materialien wie Seide, Brokat oder Pelz anstatt aus Wolle oder Leinen, dazu gegebenenfalls Schmuck aus Edelmetall, Juwelen und Perlen. Sie parfümierten und puderten sich und folgten Modeströmungen, die sich – etwa bei Perücken – mitunter sehr schnell änderten, viel schneller jedenfalls als bei anderen Ständen. Man aß nicht, man speiste: vor allem abends erlesene Speisen, verfeinert durch teure Gewürze. Dazu trank man Wein, zumindest besseren als der Landmann, seit dem 17. Jahrhundert morgens oder nach-mittags auch die neumodischen und anfangs kostspieligen Heißgetränke Kaffee, Tee oder Schokolade.

Das Geschirr war in allen Fällen differenziert und bestand aus möglichst edlem Metall bzw., vor allem im 18. Jahrhundert, aus Porzellan. Während der Geselle noch zusammen mit seinem Meister aus einer gemeinsamen Schüssel seine Suppe löffelte, saß das Personal der Adelsfamilie nicht mit am Tisch – es hatte zu servieren (= dienen). Denn man achtete zunehmend auf Distanz, sprach auch einen vertrauten Diener mit «Er» und selbst Familienmitglieder etwa mit «Herr Vater» oder «Frau Mutter» an und nahm beim Essen das Brot nicht mehr aus der Hand eines anderen, sondern ließ sich den Brotkorb reichen. Eine derartige Verfeinerung der Sitten brauchte freilich ihre Zeit: Um 1500 mussten ‹Tischzuchten› Adelige noch ermahnen, ihre abgenagten Knochen nicht auf den Teller ihres Nebenman-nes zu legen oder einfach hinter sich zu werfen und sich nicht ins Tischtuch zu schneuzen. Auch andere «grobianische» Sitten lebten selbst in Versailles fort, wo Höflinge gelegentlich in die mannshohen Kamine urinierten, erst recht natürlich in den be-scheidenen Residenzen kleinerer Landesherren.

Könige und Fürsten besaßen Paläste, reiche Adelige Stadtpa-lais und Landsitze, «normale» adelige Grund- oder Gutsherren immerhin Landhäuser, die größer waren als die Höfe ihrer Bau-ern. Allerdings lebte der ohnehin dem Großbauerntum entstam-mende norwegische Adel in Holzhäusern, und auch mancher märkische Adelige hatte noch im 16./17. Jahrhundert ein einge-schossiges, strohgedecktes Haus, das in der Fluchtlinie der übri-gen Höfe stand. Zeiten erhöhter Einnahmen spiegelten sich in verstärkter Bautätigkeit, etwa beim englischen Adel um 1800. Auch hier wird das Bemühen um abgestufte Distanz erkennbar: Das erste Tor führte, wenn nicht überhaupt erst in einen Park, so doch wenigstens in einen Hof. Wenn man das Hauptgebäude betrat, gelangte man zunächst in einen Vorraum bzw. ein Treppenhaus, erst danach in ein Empfangszimmer und nur als Verwandter, Freund oder besonderer Gast der Familie in deren Privatgemächer. Nicht nur die Fassade dieses Gebäudes war mehr oder minder eindrucksvoll mit «Würdeformen» (Torbögen, Säulen, Pilastern) gestaltet, sondern auch das Innere: reich möblierte Räume, soweit sie nicht ausschließlich für das Personal da waren. Dort stand auch die Sammlung des Hausherrn bzw. seiner Familie: etwa ein Schrank mit «wundersamen Dingen» (wie besonders geformten Muscheln), Porzellanvasen oder ledergebundene Bücher mit oder ohne Gebrauchsspuren. Schnitzereien bzw. Einlegearbeiten bestimmten das Bild dieser Zimmer und ihres Mobiliars. Dazu kamen Wandteppiche, seit dem Barock regelmäßig auch Tapeten, Jagdtrophäen, Rüstungen und Waffen, Statuen sowie Gemälde. Porträts verdienter Ahnen dienten ebenso wie etwa ein Familiengrab oder -altar in der Kirche bzw. der Hauskapelle auch der Erinnerungskultur.

Verließ ein Adeliger das Haus, ohne sich nur im Garten «ergehen» zu wollen, ritt oder fuhr er aus. Bezeichnungen wie «Ritter», «chevalier», «cavaliere» oder «caballero» (frz. cheval, ital. cavallo, span. caballo = Pferd) deuten an, dass das Pferd jahrhundertelang ein Symboltier des Adels war. Bauern pflegten lange Zeit mit Ochsen zu pflügen, und wenn sie Pferde besaßen, hatten sie Ackergäule, keine «edlen Tiere». Adelige indes brauchten Pferde für die Jagd, für den Heeresdienst als Offizier oder als Mitglieder der Kavallerie – der vom Adel mit Abstand am höchsten geschätzten Waffengattung – oder auch nur zum Besuch der nächstgelegenen Stadt: «Hoch zu Ross» blickte man dann auf das «gemeine Volk» hinunter, bevor man sich «herabließ». Auch nachdem seit dem 17. Jahrhundert nicht nur adelige Damen und kleine Kinder zunehmend die besser gegen Wind und Wetter geschützte Kutsche nutzten, blieben die meisten adeligen Herren mehr oder minder geübte Reiter. Freilich konnte man auch eine Kutsche zu repräsentativen Zwecken verwenden. In Innsbruck lagen die Tore zweier Adelspalais einander genau gegenüber, rechts bzw. links der Straße. Das hinderte den einen Schlossherrn nicht daran, sechsspännig die Straße zu überqueren, nur um im Hof seines Nachbarn vorzufahren.

Wenngleich um 1500 viele fränkische Ritter von ihren Burgen auf die bürgerlichen «Pfeffersäcke» mit Verachtung, gepaart mit Neid, herabschauen mochten, besuchten sie immer wieder einmal eine Stadt, schon um dort ihre Rittertage oder Feste abzuhalten (zumal sich umgekehrt die «Adelsfeindschaft» einer Reichsstadt wie Nürnberg auf die Konkurrenz zu benachbarten Fürsten und Herren beschränkte). Auch später blieb das städtische Leben für die meisten Adeligen attraktiv, selbst wenn sie nicht ständig dort wohnten oder, wie ein Großteil des englischen Adels, das Jahr in verschiedene Zeiten einteilten, in denen sie auf ihren Landsitzen lebten, einen mondänen Erholungsort wie Bath besuchten bzw. sich als Abgeordnete während der meist mehrmonatigen Parlamentssession in London aufhielten. Schließlich bot das städtische Leben neben Einkaufs- auch besondere Unterhaltungsmöglichkeiten: Clubs für das Spiel und die gepflegte Unterhaltung, Salons, in denen man sich über die neuesten Skandale, aber auch die neuesten Trends in Mode und Kultur austauschen konnte, Bordelle und anderes mehr.

Nach ca. 1650 machte das Hofleben der Stadt allerdings zunehmend Konkurrenz. Königen und Fürsten reichten ihre alten Stadtschlösser nicht mehr aus; neue prunkvolle Schlösser wie Versailles oder später Schönbrunn entstanden «auf der grünen Wiese», ostentativ in einiger Entfernung von der jeweiligen Hauptstadt, und beherbergten einen oft noch wachsenden Hofstaat. Die Zahl der Hofangehörigen – überwiegend allerdings subalternes Personal – konnte schon bei einem mittleren Hof wie dem Münchner auf etwa 2000 Personen (1701) ansteigen und in Versailles angeblich eine fünfstellige Zahl erreichen – freilich unter Einberechnung von Personen, die nicht ständig am Hof präsent waren. Trotzdem blieb der Hofadel eine kleine, von der Masse des Landadels viel beneidete Minderheit. Das lag zum einen an seiner Exklusivität. Ohne eine (allerdings öfter erteilte) besondere Bewilligung hatten in Versailles seit 1760 französische Adelige nur Zutritt, wenn sie «vorgestellt» waren, und dies setzte voraus, dass die Betreffenden ihren Adel auf die Zeit vor 1400 zurückführen konnten – was nur mehr einem Bruchteil aller Familien gelang. Zum andern stellte gerade ein Hof wie Versailles eine «andere Welt» dar.

Ob Ludwig XIV. seinen Hof bewusst ebenso luxuriös wie zeremoniell ausgestaltete, um nach seinen Kindheitserfahrungen mit der Adelsfronde seinen Hochadel zu «domestizieren» – in keiner Hinsicht durfte einer «aus der Reihe tanzen» –, und ob er versuchte, ihn durch eine von ihm selbst durch entsprechenden Luxuskonsum angeheizte Konkurrenz finanziell in die Abhängigkeit von der Krone zu bringen, ist umstritten. Jüngst wurde betont, der König habe die Zahl der adeligen Inhaber höfischer Ehrenämter sogar beträchtlich reduziert, wogegen Kaiser Leopold I. sie gleichzeitig stark erhöht habe. Jedenfalls erhob sich das französische Königtum nunmehr weit über seinen Adel. Ob von Ludwig XIV. durch geschickt verteilte Gunstbeweise geschürt oder nicht, gab es ständig Rivalitäten innerhalb der Hofgesellschaft. Selbst ein Herzog von Saint-Simon, der diesen Mechanismus durchschaute, bezeichnete seine Verbannung vom Hof als ein unerträgliches Schicksal. Bei einem nicht besonders feierlichen «Lever», dem morgendlichen Aufstehen des Königs, wurden Hunderte von Höflingen ihrem Rang entsprechend turnusmäßig in das im Zentrum des Schlossgebäudes liegende königliche Schlafzimmer eingelassen, und es war streng geregelt, wer ihm den linken und wer den rechten Ärmel zuknöpfen durfte. Abends, wenn Ludwig zu Bett ging, hatte die Prinzessin des Ursins zeitweise das beglückende Vorrecht, ihm seinen Nachttopf und seinen Degen vorantragen zu dürfen. War das Selbsterniedrigung oder nur ein anderes (älteres) Verständnis von Dienst und Körperlichkeit? Jedenfalls gab es schon zu Beginn der Selbstregierung des Sonnenkönigs nur mehr einzelne Frondeure. Die Mehrzahl des französischen Adels hatte sich nie an den Kriegen inner- und außerhalb ihres Landes beteiligt, nach Jahrzehnten der Verwüstung nun aber erst recht die Bereitschaft entwickelt, sich einem starken monarchischen Willen zu unterwerfen, der Sicherheit und Ordnung versprach. Andererseits waren auch die meisten wichtigen Hofämter käuflich oder faktisch erblich innerhalb von Familien, die etwa auch die Kommandostellen des Heeres besetzten.

Allerdings darf man die französischen Verhältnisse nicht vorschnell auf andere Länder übertragen. Etwa für die deutschen Höfe lassen sich nach Volker Bauer sehr unterschiedliche «Hoftypen» unterscheiden:

1. die vor allem in mittelgroßen, aber ambitionierten Territorien (Bayern, Sachsen) anzutreffenden zeremoniellen Höfe. Hier standen tatsächlich – teilweise nach Versailler Vorbild und mit gewissen Kompensationen wie Maskenbällen – Hierarchie und Zeremoniell im Vordergrund und banden unter enormen Kosten einheimische wie fremde Adelige an den Fürsten.

2. Als eher weniger prätentiös, deutlich sparsamer als Versailles, dafür lange stärker traditionell, kirchlich und durch strenge Hofkleidung und Moral geprägt stellte sich dagegen der Wiener Kaiserhof dar. Die aus allen Teilen der Monarchie stammenden Hochadeligen, ungarische Esterházy, hauptsächlich in den böhmischen Ländern begüterte Lobkowitz, Schwarzenberg oder Liechtenstein, aus dem (zum heutigen Slowenien gehörenden) Herzogtum Krain stammende Auersperg und andere bildeten hier den «sozialen Kitt» des Habsburgerreichs. Ansehen und Würde des Kaisers zogen darüber hinaus Landadelige, Reichsritter und -grafen (wie den in Koblenz geborenen, 1794 vor den französischen Revolutionstruppen nach Wien geflohenen späteren Fürsten Metternich) als Beamte, Diplomaten oder Offiziere in den kaiserlichen Dienst. Dort machten auch «echte» Ausländer wie Prinz Eugen von Savoyen Karriere, und so bildete der Wiener Hof, nicht nur durch ausländische Diplomaten, das Parkett, auf dem sich Hochadelige aus ganz Europa tummelten.

3. Ganz anders strukturiert war der hausväterliche Hof, den eine etwa durch Schulden oder fürstliche Frömmigkeit bedingte Sparsamkeit kennzeichnete. Als Beispiele ließen sich kleine protestantische Höfe (wie Sachsen-Gotha), aber auch der preußische Hof unter dem Soldatenkönig nennen.

4. Dessen Sohn, Friedrich II., führte, zumindest zeitweise, einen geselligen Hof, bei dem auf kostspielige Repräsentation ebenfalls wenig Wert gelegt wurde, dafür aber umso mehr auf Konversation und den – in Grenzen – vertraulichen Umgang des

Monarchen mit Gästen aus dem In- und Ausland, wie Voltaire oder dem späteren spanischen Minister Graf Aranda.

5. Schließlich nennt Bauer als weiteren Typus den auf Kleinterritorien beschränkten «Musenhof», dessen Mäzenatentum – unter begrenzter Heranziehung bürgerlichen Gelehrter und Künstler – er als Ersatzhandlung für politisches Engagement deutet.

Doch schlug sich generell das Bedürfnis, den Rang der eigenen fürstlichen oder auch niederadeligen Familie zu dokumentieren bzw. einen erhöhten Anspruch zu manifestieren, in einem regen Mäzenatentum nieder. Manche alte Burg wurde verlassen und dem Verfall überlassen. Dafür ließ man sich neue, dem jeweiligen Zeitgeschmack eher angemessene Gebäude errichten und ausstatten. Bekannte Architekten, Maler oder Stukkateure waren dabei gesuchte und gut bezahlte Fachleute. War die Kunst der Renaissance – etwa in Form mächtiger Rathäuser – partiell noch ein Ausdruck auch bürgerlichen Repräsentationswillens gewesen, verdanken sich Barock und Rokoko ganz überwiegend den Bedürfnissen einer adelig bzw. höfisch geprägten Gesellschaft: Der Prunk und die Theatralik, welche Schlösser, aber insbesondere auch katholische Kirchenbauten prägten, stehen als Symbole für den Glanz der weltlichen und göttlichen Herrschaft, die ihrerseits durch die Idee des Gottesgnadentums verbunden waren.

Die Glorie des eigenen «Hauses» zu vermehren, war ein wichtiges Antriebsmoment für manche fürstliche Kriegsentscheidung, insbesondere wenn der betreffende Monarch ein Anrecht auf eine bestimmte territoriale Erbschaft nur auf diesem Wege glaubte durchsetzen zu können. Andererseits mochte es einen Friedensschluss behindern, wenn sich zwei Kronen um den Vortritt ihrer Botschafter stritten. Aber auch für den einfachen Adeligen war es von geradezu essenzieller Bedeutung zu wissen, welche Ehrenbezeugungen er wem gegenüber zu leisten und welche er von wem zu empfangen habe. Denn damit standen die Ehre und das Ansehen seiner Familie auf dem Spiel – und damit die Aussichten von Familienmitgliedern auf Ämter, Würden und nicht zuletzt auf vorteilhafte Heiraten. Deswegen musste diese

Ehre um jeden Preis verteidigt werden. Das erklärt, warum zwischen Adeligen Duelle ausgefochten wurden. Verletzte ein Nichtadeliger die Adelsehre, hatte er in einer adelig dominierten Gesellschaft Schlimmes zu erwarten. Ein Gericht würde ihn schwer bestrafen, den Beleidigten, sollte er den Delinquenten töten, jedoch kaum belangen. So konnte der Täter nur auf die Nachsicht des betroffenen Adeligen hoffen, ihm aber nicht Genugtuung leisten, denn als Angehöriger eines niederen Standes galt er als nicht «satisfaktionsfähig». Bei einem Streit zwischen Adeligen konnte es indes geschehen, dass sich eine der beiden Seiten nicht dem Spruch eines Standesgerichts stellen, sondern nach alter Tradition ihr Recht selbst in die Hand nehmen bzw. es in die Hand Gottes legen wollte. Dann konnte nur ein ritualisierter Zweikampf die Entscheidung bringen.

In der noch nicht einheitlich normierten und hierarchisierten französischen Adelsgesellschaft nahm das Duellwesen nach 1600 derart überhand, dass der führende Staatsmann, der selbst aus nicht besonders vornehmem Adel stammende Kardinal Richelieu, glaubte einschreiten zu müssen – weniger aufgrund religiöser Bedenken als vielmehr aus der Erkenntnis heraus, dass der heimische Adel auf dem besten Wege war, sich in absehbarer Zeit selbst auszurotten. Zur Durchsetzung des Duellverbots und zur allgemeinen Überraschung wurde ein hartnäckiger Duellant aus höchst vornehmer Familie 1627 tatsächlich hingerichtet. Damit hatte die französische Regierung klargestellt, dass in Zukunft die königliche Gesetzgebung und nicht die Gewohnheit des Adels darüber bestimmen sollte, wie die Adelsehre zu verteidigen sei. Andere Staaten folgten diesem Beispiel. Trotz aller Verbote und aller späteren aufklärerischen Kritik am Duellwesen kam es jedoch im 18. und selbst noch im 19. Jahrhundert immer wieder zu solchen Zweikämpfen – nun auch unter Beteiligung Nichtadeliger wie des bürgerlichen Arbeiterführers Lassalle, der 1864 seinen Verletzungen erlag. Bestimmte Ehrvorstellungen wurden eben von Generation zu Generation weitergegeben, und das Ideal des Kämpfers spielte bei manchen Adeligen noch bis in die jüngste Zeit hinein eine gewisse Rolle.

4. Erziehung, Ausbildung und Eheschließung

Dementsprechend wurden in der Frühneuzeit adelige Knaben vielfach von Kindheit an mit «kriegswichtigen» Dingen vertraut gemacht, mit Pferden und mit Waffen. Turniere waren mindestens bis ins 16. Jahrhundert beliebt – sogar bei Patriziern. Die humanistische Gelehrsamkeit mit ihrer Kritik an den Traditionen des Rittertums – bis hin zur Parodie ritterlicher Ideale – fand daher nur einzelne Vertreter im Adel (wie Ulrich v. Hutten). Wenngleich sie von vielen Fürsten gefördert wurde, näherte sich ihr die Masse der Adeligen nur zögerlich. Doch verlor nach 1450 das Element des persönlichen Kampfes für das adelige Selbstverständnis, relativ gesehen, an Gewicht, Bildung dagegen gewann an Bedeutung, ersichtlich etwa an den ersten Adelsbibliotheken in Spanien.

Schon seit dem Spätmittelalter hatten, außer in Gebieten mit extrem hoher Adelsdichte, fast alle adeligen Männer und auch viele adelige Frauen Lesen und Schreiben gelernt. Wie in allen Ständen war auch im Adel zunächst die Mutter für die Erziehung der kleinen Kinder zuständig, den herrschenden patriarchalischen Vorstellungen entsprechend unter der Aufsicht des Vaters. Wenn dieser es sich leisten konnte, stellte er für die weitere Ausbildung der Kinder, speziell des männlichen Nachwuchses, einen Hauslehrer, oft «Hofmeister» genannt, an, meist einen jungen Akademiker. Der hatte ihnen die notwendigen Kenntnisse im Lesen und Schreiben, in religiöser Bildung und etwa im Lateinischen zu vermitteln, daneben auch praktische Fertigkeiten. Ansonsten musste eben der Hausherr seinen Söhnen selbst beibringen, was er konnte, nicht zuletzt Reiten und Fechten. Die Töchter lernten von der Mutter Haushaltsführung, Sticken und Ähnliches, mitunter bekamen sie eine eigene Gouvernante, vielleicht selbst eine verarmte Adelige, die ihnen Unterricht im Singen, Tanzen und seit dem 17. Jahrhundert auch im Französischen erteilte. Eigene Schulen für die «höheren Töchter» unterhielten zunächst nur einige weibliche Orden wie die Ursulinen, erst im 18. Jahrhundert kamen private Institute dazu.

Für die Adelssöhne aber standen als Alternative zum häuslichen Unterricht auf höherem Niveau «gelehrte» Schulen oder Universitäten zur Verfügung. Während in Niederösterreich, wo 1580–1620 etwa 30% der Ritter im Dienst des Landesherrn standen, der Anteil der Studierten unter ihnen von 10% auf 20% stieg, erhielten noch um 1800 von den kurmärkischen Junkern nur 17,7% eine qualifiziertere zivile Ausbildung, ähnlich viele wie eine militärische. In England aber konzentrierten sich um diese Zeit die Söhne der Führungsschicht zunehmend auf die vornehmen Public Schools sowie die beiden Universitäten des Landes. Verhältnismäßig hoch war damals vielleicht sogar der Bildungsstand des mittleren polnischen Adels: Etwa 20 000 Jugendliche, selbst ärmere, absolvierten alljährlich zunächst die rund 50 bis 1773 von Jesuiten geführten Gymnasien, anschließend meist eine Rechtsschule, um dann in den Dienst der Republik oder eines reichen Standesgenossen zu treten. Außerdem stand ihnen in Form des Warschauer Piaristenkollegs sogar eine erst 1741 gegründete, auf aufgeklärt-patriotische Erziehung zielende Ritterakademie zur Verfügung. Diese Form einer höheren Schule hatten italienische Jesuiten im 16. Jahrhundert ins Leben gerufen. Dort konnte man sich im Reiten, Fechten, Tanzen und im höfischen Umgang, darüber hinaus im Italienischen und Lateinischen vervollkommnen. Insgesamt bildeten die ab 1600 in anderen Ländern zum Teil von privater Seite nachgeahmten Institute von Parma, Modena, Bologna und Siena bis 1773 an die 10 000 adelige Studenten aus. Von diesen stammten über 20% aus dem Venezianischen, 10% aus dem Reich und jeweils kleinere Kontingente aus anderen italienischen, aber auch sonstigen europäischen Staaten. Für die jungen Deutschen oder Franzosen gehörte ein Aufenthalt an einem solchen Kolleg oder ein ein- oder zweisemestriges Studium an einer Universität (ohne Abschluss) nämlich bis ins 18. Jahrhundert hinein regelmäßig zu ihrer «Kavalierstour».

Denn bei aller fortdauernden Bedeutung stand in der Frühen Neuzeit die militärische Schulung nicht mehr so einseitig im Vordergrund wie im Mittelalter, brauchte man doch gewisse Kenntnisse, um als Richter, Verwaltungsbeamter oder Diplomat, selbst als Offizier einem Fürsten dienen, ein höheres geistliches Amt bekleiden oder vielleicht auch nur das eigene Gut erfolgreich bewirtschaften zu können. Insbesondere für einen jungen adeligen Herrn aus dem Reich und aus England stellte es daher im 17. und frühen 18. Jahrhundert geradezu eine soziale Notwendigkeit dar, in Begleitung seines Erziehers und vielleicht sogar noch eines Dieners eine Reise zu unternehmen, die ihn in der Regel nach Frankreich – fast immer nach Paris und ab 1682 möglichst auch nach Versailles – und nach Italien (Rom, dazu vielleicht Neapel und Venedig) sowie eventuell auch in die Niederlande, nach Wien oder London führte. Spanien oder Sizilien lagen ebenso wie Skandinavien, Polen oder Ungarn seltener auf der Route, wie umgekehrt nur relativ wenige junge Italiener oder Spanier die Alpen bzw. Pyrenäen überschritten.

Diese Reise diente vor allem dem Kennenlernen der höfischen Umgangsformen, dem Knüpfen von Kontakten und schließlich eben auch dem Studium, wobei bestimmte Universitäten – im 18. Jahrhundert etwa Göttingen oder Straßburg – bevorzugt wurden. Gelehrsamkeit, d. h. Spezialisierung, wurde dabei nicht angestrebt. Dafür lag es durchaus im Rahmen des Üblichen, wenn der Junker (= junge Herr) bei dieser Reise seine ersten sexuellen Erfahrungen machte. Wie auch immer er sich «die Hörner abstieß» – solange gewisse Grenzen nicht überschritten wurden, war man geneigt, auch ein Vergehen als «Kavaliersdelikt» zu entschuldigen. Schulden sollte er allerdings nicht machen, kostete eine solche Reise die ganze Familie doch schon so viel Geld, dass gemeinhin nur ein Sohn – der Erbe – die Chance dazu bekam. Der aber sollte schließlich als gereifter Mann zurückkehren und dann zu Hause durch sein Vorbild jene höfischen Verhaltensweisen verbreiten, die er in der «großen Welt» gelernt hatte.

Die erste in dieser Beziehung einflussreiche Darstellung war 1528 Baldassar Castigliones ‹Libro del Cortegiano› gewesen, ein in Übersetzung später etwa auch in Frankreich viel rezipiertes Werk, welches das Ideal eines von der Renaissancekultur geprägten, seinem Fürsten loyal dienenden Höflings zeichnete, das allerdings auch diskutierte, ob sich ein Altadeliger dafür ideal eignete. Die Zeit Ludwigs XIV. bildete den galanten «Honnête homme» («Ehrenmann») aus, der durch seine Weltläufigkeit, seine geistreiche Konversation und seine eleganten Bewegungen in der Welt der Höfe zu gefallen wusste. Nicht zuletzt die so genannten Moralischen Wochenschriften skizzierten im 18. Jahrhundert den «gentleman» als einen gebildeten, liebenswürdigen und in jeder Lebenslage souveränen Mann; später kam dazu als weibliches Pendant die «lady». In allen Fällen aber war nicht ein wie immer geartetes Spezialistentum das Ziel adeliger Bildung. Vielmehr ging es darum, über verschiedenste Bereiche der Politik, der Kunst oder der Wissenschaften mitreden zu können. Dazu hatte man als «Dilettant» seine Kenntnisse nicht systematisch durch anstrengende geistige Arbeit zu erwerben, sondern eben nur zum eigenen Vergnügen (ital. diletto).

Im letzten Drittel des 18. Jahrhunderts begann mit dem Aufstieg eines strengeren Wissenschaftsideals der adelige Dilettantismus an Ansehen zu verlieren. Gleichzeitig büßte die Kavalierstour an Bedeutung für die Ausbildung junger Adeliger ein, teils weil sie sich an die Bildungsreise wohlhabender Bürgerlicher anglich, teils weil manche Monarchen die Auslandsreisen ihres adeligen Nachwuchses begrenzen wollten und wünschten, dass sich dessen Studien auf den Besuch einer eigenen Landesuniversität oder Offiziersschule beschränkten. Eine folgende Anstellung hing ohnehin immer noch weniger vom Studienerfolg des jungen Mannes ab als vielmehr von dessen familiären Verbindungen. Ob als Leutnant (von frz. lieu tenant = Platzhalter) oder als «supernumeräres», also «überzähliges» Mitglied in irgendeinem Ratskollegium – in jedem Fall ging es zunächst nur darum, durch «learning by doing» unter Anleitung Älterer eine gewisse Berufspraxis zu erwerben. Besoldet war die erste Dienststelle nämlich in der Regel allenfalls gering, und dementsprechend ließ sie ein standesgemäßes Leben ohne Finanzhilfe von zu Hause kaum zu. Erst mit einer gewissen Erfahrung durfte man hoffen, einen höheren Rang beziehungsweise eine reguläre Stelle mit «anständiger» Besoldung zu erlangen.

Die Alternativen zu einer beruflichen Karriere hießen: Schulden machen, heiraten oder erben – wobei Letzteres oft im Zusammenhang stand. Wer das väterliche Gut übernahm, brauchte eine Frau, zum einen zur Mithilfe bei der Wirtschaftsführung, zum andern, um nun seinerseits für die Fortpflanzung des eigenen «Hauses» sorgen zu können. Denn das Aussterben der eigenen Familie war aus adeliger Sicht eine der größten denkbaren Katastrophen. Mit fast allen Mitteln trachtete man es zu vermeiden, zum Beispiel dadurch, dass sich beim kinderlosen Tod des Stammhalters dessen bis dahin als Domherr wirkender Bruder laisieren ließ und heiratete, selbst wenn er vielleicht schon sechzig war.

Im Übrigen kam durch die Mitgift einer Braut natürlich auch Geld ins Haus. Umgekehrt bedeutete die Pflicht zur Zahlung einer Mitgift freilich eine unter Umständen erhebliche Belastung einer Familie. So verwundert es nicht, dass gerade Väter von mehreren Töchtern oft nicht allen von ihnen die Gelegenheit zur Heirat einräumten, sondern etwa versuchten, die eine oder andere in einem adeligen Damenstift unterzubringen. Das adelige Interesse erklärt, warum die Reformation zwar alle Männerklöster beseitigte, derartige Damenstifte aber vielfach bestehen ließ. Zwar kostete auch eine Stiftspräbende in der Regel eine gewisse Summe, aber doch weniger als eine Mitgift. Jedenfalls stellte das Stiftungsvermögen das standesgemäße, wenngleich oft recht freudlose Leben einer adeligen Frau auf Dauer oder bis zu einer sich vielleicht doch ergebenden Heirat sicher.

Obwohl das Schicksal derartiger Stiftsdamen also regelmäßig von der Entscheidung des männlichen Familienvorstandes abhing, waren sie im Alltag selbstständig und verfügten daher oft über ein erhebliches Selbstbewusstsein – eher jedenfalls als eine adelige Tochter oder ein nachgeborener Sohn, die im Hause ihres ältesten Bruders blieben, nachdem dieser zum Familienoberhaupt aufgestiegen war. Etwa in Italien war der «Onkel Priester», der seine Neffen unterrichtete, das Familiengut mit verwaltete und natürlich die Messe in der Familienkapelle las, eine vertraute Erscheinung. Überhaupt war Ehelosigkeit im Adel häufig und eine eventuelle Partnerwahl eher noch weniger eine Frage der eigenen Präferenzen als in allen anderen Kreisen der Bevölkerung. Es waren die Familien, welche die Ehen arrangierten – gerade im Hochadel mitunter schon, wenn die künftigen Brautleute noch im Kindesalter waren. Der Stand, die Mitgift, aber etwa auch die politische und konfessionelle Orientierung der Familien sollten zusammenpassen. Gerade in den höchsten Kreisen führte dies häufig dazu, dass Ehen innerhalb der näheren Verwandtschaft geschlossen wurden. Der Habsburger Philipp II. von Spanien heiratete, natürlich mit päpstlichem Dispens, in vierter Ehe sogar die Tochter seiner eigenen Schwester aus deren Ehe mit seinem und ihrem Cousin, Kaiser Maximilian II.! Auch pflegten Herrscherhäuser oft eine gewisse Tradition in der Namensgebung. Bei den französischen Bourbonen war etwa der Name Ludwig (Louis) für den Erstgeborenen häufig, im dänischen Königshaus wechselten Christian und Frederik.

Nicht selten war mit einer Heirat ein persönlicher Aufstieg verbunden. Obwohl im völkerrechtlichen Sinne nicht souverän, galten deutsche Fürsten doch als Landesherren und damit gegenüber anderen Monarchen als ebenbürtig. Deshalb konnte eine Prinzessin aus dem winzigen Herzogtum Anhalt-Zerbst als Frau des künftigen Zaren in Frage kommen und nach dessen gewaltsamem Tod als Katharina «die Große» das mächtige russische Reich 34 Jahre lang allein regieren. Für den Aufstieg des jungen Metternich war es sehr förderlich, dass er eine Enkelin des früheren österreichischen Staatskanzlers Kaunitz heiratete. Und Wallensteins Karriere wäre nicht denkbar gewesen ohne seine Konversion zum Katholizismus und seine – durch Jesuiten vermittelte – Ehe mit einer Witwe, die ihm reiche Güter in Mähren einbrachte, sowie nach deren Tod seine zweite Heirat mit der Tochter von Karl Graf Harrach, der am Kaiserhof Ferdinands II. eine wichtige Rolle spielte. Dass Wallenstein dann in Mecklenburg an die Stelle des legitimen Herzogs treten sollte, trug ihm, dem ursprünglich kleinen böhmischen Adeligen, indessen die Feindschaft vieler, auch katholischer Reichsfürsten ein. Denn diese empfanden sich eben als Landesherren, nahe den Souveränen Europas, welche den Adel eher für eine Kreation ihrer Dynastien hielten, als dass sie sich selbst ihm zuge-

rechnet hätten. In diesem Kreise war im 17./18. Jahrhundert
kein Platz mehr für einen Parvenü, mochte er auch über die Protektion des Kaisers und über immensen Reichtum verfügen.

5. Die wirtschaftlichen und herrschaftlichen Grundlagen des Adels

Der Reichtum eines Adeligen bestand in aller Regel überwiegend
in Grund und Boden bzw. den darauf ruhenden Herrschaftsrechten – was überhaupt den Großteil aller Vermögenswerte der Frühen Neuzeit bildete. Die Säkularisationen des 16. Jahrhunderts
hatten in protestantischen Gebieten wohlhabenden Familien – in
England nicht zuletzt aus der Gentry – geholfen, ihren Besitz
noch zu erweitern. Einnahmen aus Grundeigentum resultierten
allerdings aus sehr unterschiedlichen Formen:

1. Sie stammten aus Eigenwirtschaft, das heißt mit Hilfe von
Lohnarbeitern und gegebenenfalls eines oder mehrerer Gutsver-
walter bewirtschaftetem Volleigentum. Diese Form konnte in
Zeiten relativ sinkender Agrarrenten bzw. steigender Nahrungs-
mittelpreise, etwa nach 1550, in vielen Gegenden intensiviert
werden: Adelige züchteten auf eigenem Grund Fische (Niederösterreich), Mastochsen (Dänemark) oder Schafe (Spanien), sie
betrieben Brennereien oder Brauereien (Bayern, Böhmen), pro-
duzierten, verarbeiteten und verkauften Holz (Norwegen), Oli-
venöl oder Getreide (Südeuropa).

2. Alternativ dazu verpachteten sie einen Teil ihres Eigentums
auf unterschiedlich lange Zeiten. Beide Varianten fanden sich
vor allem in Nord-, West- und Südeuropa. Auf den französischen Adels-«Domänen», die circa 20–25 % des Landes um-
fassten, wurden sie häufig kombiniert. Dagegen bevorzugten
die englischen Peers, die im Laufe des 18. Jahrhunderts ihren
Anteil von 15–20 % auf etwa dieselbe Rate steigerten und zusammen mit rund 20 000 Gentry-Familien über fast drei Viertel
des Bodens verfügten, die Zeitpacht. Überhaupt ließ sich der
Landlord auf seinen Gütern kaum sehen, besonders in Irland.

3. Die im Reich zwischen Rhein und Elbe vorherrschende
Agrarverfassung, die andere Länder wie Spanien oder Frank-

reich ebenfalls kannten, war die vielfach mit lehensrechtlichen Vorstellungen verquickte Grundherrschaft. Sie beruhte auf der Idee des «geteilten» Eigentums: Der Obereigentümer, ein Adeliger (aber auch der Landesherr, ein Kloster oder etwa eine Universität), hatte Anspruch auf teils regelmäßig, teils zu bestimmten Anlässen in Geld oder Naturalien gezahlte Abgaben, jedoch nur auf wenige oder gar keine Fronen. Dafür hatte er dem Untereigentümer die Substanz des Gutes zu garantieren, also etwa einen abgebrannten Hof wiederherzustellen.

4. In Mittelosteuropa dominierte dagegen, spätestens seit dem 17. Jahrhundert, die Gutsherrschaft. Die zahlenmäßig starke Gruppe der Rittergutsbesitzer, die aber schließlich doch nur eine Minderheit aller Adeligen im ostelbischen Preußen ausmachte und nach 1650 etwa in Pommern fast 50% des Bodens ihr Eigen nannte, bediente sich bei ihrer Gutswirtschaft ganz überwiegend stark mit Fronen belasteter Gutsholden, vor allem, um große Menge Getreide zu produzieren und auf dem Wasserweg nach Westeuropa zu exportieren. Gleiches gilt für die rund 20% als zumindest «wohlbegütert» bezeichneten polnischen Edelleute, deren Anteil am Grundbesitz insgesamt sogar bei über 90% lag. Gutsherrschaft war auf Seiten der Gutsholden regelmäßig verbunden mit Schollenbindung, Gesindezwangsdienst der Kinder und dem Zwang, zur Eheschließung die Zustimmung ihres Herrn einzuholen. Ein «Recht der ersten Nacht», das etwa «Figaros Hochzeit» postulierte, gab es allerdings vermutlich nirgends, wohl aber vereinzelt, vor allem in Nordspanien, eine Art symbolisches Beilager des Herrn bei der Braut eines Untergebenen, das zum Missbrauch einlud.

Die Höhe der Einnahmen, die ein Adeliger aus seinen Eigentums- und Herrschaftsrechten erzielte, hing natürlich von verschiedenen, auch nichtindividuellen Faktoren ab. Bestanden die langfristigen Pacht- oder grundherrlichen Abgaben in einer einmal fixierten Geldzahlung, verloren sie in Inflationszeiten realiter an Wert, und der Edelmann musste mit dem Widerstand seiner Bauern rechnen, wenn er sie erhöhen wollte (s. S. 29). Bei Überschüssen aus der Eigenwirtschaft oder bei bäuerlichen Naturalleistungen, die im Falle der in Italien und Frankreich verbreiteten «Halbpacht» aus der Hälfte des Ernteertrags bestehen konnten, schwankten seine Einkünfte in Abhängigkeit von den Nahrungsmittelpreisen. Das galt auch für den Zehnt, eigentlich eine Abgabe an die Kirche, die gleichwohl – etwa durch Verpfändung – nicht selten ebenso in die Hände Adeliger gelangt war wie, namentlich in Spanien, bestimmte königliche Steuern. Diesen standen andererseits hohe karitative Ausgaben gegenüber. Die mit Schollenbindung, Heiratskonsens und vermindertem oder fehlendem Erbrecht verbundene (ursprüngliche) Leibeigenschaft, im Frühmittelalter noch sehr weit verbreitet, betraf in der Westhälfte Europas um 1500 nur mehr einen Teil der Bevölkerung in bestimmten Regionen wie im Westen des Reichs oder im französischen Zentralmassiv. Bis um 1800 ging sie weiter zurück und reduzierte sich in der Praxis vielfach auf eine weitere, teilweise nicht einmal besonders belastende Abgabe («Leibhuhn»).

Körperliche Arbeit, im Mittelalter die klassische Tätigkeit eines Hörigen (opus servile), war für den Adel verpönt; nur in Gegenden mit extremer Adelsdichte wie den Baskenprovinzen musste ein Edelmann nicht um seinen Rang fürchten, wenn er seinen Mist selbst fuhr. Im eigenen Kramerladen zu stehen und Waren zu verkaufen oder ein Handwerk auszuüben, galt ebenfalls als unstandesgemäß. Nur bestimmte Gewerbe standen dem Adel offen, vor allem solche, die mit seinem Grundeigentum in Beziehung standen: Glasproduktion (wofür viel Holz benötigt wurde), der Betrieb von Brauereien und Brennereien (zur Verarbeitung eigenen Getreides) oder von Berg- und Hüttenwerken (zur Ausbeutung der Bodenschätze), vielleicht noch von Textilmanufakturen, sofern dort Leinen oder Seide verarbeitet wurden, die von den Flachsfeldern beziehungsweise den Maulbeerbäumen stammten, die dem Herrn gehörten. Dass der Herzog Louis-Philippe von Orléans am Ende des Ancien Régime der führende Textilunternehmer Frankreichs war, belegt, dass einzelne Hochadelige, die zu vornehm waren, um sich um ihren Ruf sorgen zu müssen, sich durchaus nicht auf den Erwerb neuer Ländereien (etwa auch in der Karibik) beschränkten. Auch manch andere Adelige standen den wirtschaftlichen Modernisierungstendenzen nahe, nicht nur im England der Industrialisierung.

Doch ist selbst hier im Allgemeinen eine gewisse Zurückhaltung nicht zu verkennen. Sehr selten waren Adelige diejenigen, die etwa eine neue Produktionstechnik als Erste in ihren Betrieben einführten. Auch betätigten sie sich in der Regel nicht als Unternehmer im engeren Sinn, sondern eher als Geldgeber, Teilhaber, Aktionäre und Aufsichtsratsmitglieder.

Viele der nord- und mittelitalienischen Adelshäuser – inklusive der zu Großherzögen der Toskana aufgestiegenen Medici – entstammten dem Handelsstand. Wohlhabende venezianische Adelspatrizier legten sich allerdings, besonders im 17. Jahrhundert, Landgüter zu. Dass sich deren Kollegen in Genua, Florenz, Siena und Lucca weiterhin kommerziell betätigten, akzeptierten bei Aufnahmekandidaten 1599 indes sogar die italienischen Malteser. In Frankreich und in den meisten anderen europäischen Ländern war der Adel selbst, von regionalen Ausnahmen (Bretagne) abgesehen, diesbezüglich zurückhaltender. Daher tendierten nobilitierte reiche Kaufleute dazu, Landgüter zu erwerben und ihr Geschäft aufzugeben – was volkswirtschaftlich bedenklich war. Deshalb erklärte die französische Krone schon seit dem 17. Jahrhundert immer wieder, dass Adel und Fernhandel vereinbar seien, und sie erlaubte Großkaufleuten 1767 sogar das Tragen eines Degens. Ohne besonderen Erfolg, obwohl auch publizistische Stimmen vor allem seit den 1750er Jahren vehement für diese Vereinbarkeit plädierten, freilich nicht ohne auf Widerspruch zu stoßen! Selbst in England, wo kaufmännische Betätigung nie einen Titel gefährdete und der eine oder andere Lord einen jüngeren Bruder hatte, der in einer Londoner Handelsfirma tätig war, war das kommerzielle Engagement der höheren Kreise nicht überwältigend. Zudem stiegen nach 1750 die Pachtzinsen steil an und legten somit den Erwerb risikoärmeren Grundeigentums nahe.

Die wichtigste Einrichtung zur Erhaltung des Vermögens adeliger Familien stellten die bis ins 19., teilweise sogar 20. Jahrhundert hinein in vielen Ländern Europas verbreiteten, unterschiedlich streng bzw. dauerhaft ausgeprägten Fideikommisse dar: Ein Stifter erklärte einen Großteil des Familienguts (meist Immobilien, mitunter auch Mobilien wie Familienschmuck) zu einer einheitlichen Vermögensmasse, die dem Erben «anvertraut» wurde. Dieser durfte zwar die Erträge des Gutes, also etwa die Grundrenten, für seinen Konsum nutzen, dessen Substanz aber nicht antasten. Sollten Teile davon veräußert oder hypothekarisch belastet werden, mussten sämtliche Blutsverwandte zustimmen. Das Gut war also gegen Verschwendung gesichert, musste weitervererbt und konnte nur durch Zustiftungen vermehrt, nicht jedoch vermindert werden. Das schützte nicht gegen einen eventuellen Wertverfall, etwa infolge sinkender Güterpreise, sorgte aber für eine große Kontinuität beim adeligen Grundeigentum. Allerdings hatte diese Einrichtung ihre Schattenseiten. Wollte ein Adeliger einen Kredit aufnehmen, konnte er das Familiengut nicht ohne Weiteres als Sicherheit anbieten. Vielleicht tat er sich sogar mit in Wahrheit frei verfügbarem Eigentum schwer, weil potenzielle Kreditgeber den Verdacht hegten, es könnte doch fideikommissarisch gebunden sein (was ja eine «Familienangelegenheit» war). Eine Umwandlung von einer Vermögensform (etwa Grundbesitz) in eine andere, lukrativere (beispielsweise Aktien) war ebenfalls nur schwer möglich. Andererseits erlebten Adelsgesellschaften, die – wie der preußische Adel – lange mit der Einführung von Fideikommissen zögerten bzw. sogar eine strikte Erbteilung, zumindest unter männlichen Nachkommen, beibehielten, eine beachtliche Besitzzersplitterung. Viele solcher, speziell kleinerer Rittergüter gingen seit dem 18. Jahrhundert in bürgerliche Hände über.

In Hinblick auf das Vermögen einzelner Adelsfamilien war die Differenzierung von Region zu Region höchst unterschiedlich, aber vielfach sehr stark ausgeprägt. Für das 18. Jahrhundert könnte man als eine erste Gruppe die europaweit kaum mehr als tausend Familien der eigentlichen Aristokraten zusammenfassen, die sich meist noch durch besondere Titel oder Rechte vom übrigen Adel absetzten: die große Mehrzahl der englischen Lords, die viel beneideten Ducs et Pairs am Versailler Hof, die Magnaten Böhmens, Ungarns und Polens, Reichsfürsten und spanische Granden. Sie besaßen erheblichen politischen Einfluss innerhalb großer Monarchien oder auf internationalem diplomatischen Parkett. Dabei waren nicht wenige von ihnen verschuldet und bedurften monarchischer Protektion, die oftmals sehr einträgliche Sinekuren oder Pensionen umfasste. Denn ihr Luxus war immens: Ein Bankett, das der Prinz von Soubise 1749 für seinen König veranstaltete, verschlang nicht weniger als 200 000 Livres – zu einer Zeit, als die reichsten Bauern im Lande selten über 30 000 Livres Vermögen besaßen! Andererseits herrschten diese Aristokraten vielfach über gewaltige Ländereien, die von Tausenden von Hörigen, Landarbeitern oder Pächtern bearbeitet wurden und oft über mehrere Provinzen eines Landes verstreut waren. Wäre ihre Herkunft nicht teilweise «internationaler» Natur gewesen und hätte sich nicht auch der polnische oder ungarische Kleinadel als Teil seiner (Adels-)«Nation» gefühlt, könnte man sie generell auch als «nationale» Eliten bezeichnen.

Auf der nächsten Stufe folgte der reiche Adel: nicht wenige Reichsgrafen, bedeutende Reichsritter oder Landadelige, neapolitanische Barone und führende venezianische Patrizier, großgrundbesitzende französische Parlamentsadelige mit Jahreseinnahmen von 10 000–50 000 Livres usw., praktisch die regionale Elite. Auf einer dritten Ebene stand die wohlhabende lokale Elite der einfachen adeligen Grund- oder Gutsherren, etwa die Mehrzahl der preußischen Junker, der mittlere französische Provinzadel mit Gutshof und Stadthaus, mehreren Dienern, fünf bis sechs Pferden und jährlichen Einkünften von 4000–10 000 Livres oder auch die groß- und kleinpolnischen Landadeligen, die über ein Schloss oder eine Kleinstadt mit einigen umliegenden Dörfern oder Vorwerken verfügten.

Die vierte Stufe, in Frankreich ca. 41% der Adelspopulation mit einem Jahreseinkommen von 1000–4000 Livres, bildeten die Familien mit einem eher bescheidenen, sozusagen «gutbürgerlichen» Lebensstil mit ein bis zwei Dienern. Mehr dürfte sich etwa ein Großteil der adeligen Beamten und Offiziere, soweit sie überwiegend auf ihr berufliches Einkommen angewiesen waren, nicht haben leisten können. Den Übergang zur fünften und letzten Schicht, dem «armen Adel», markierte dann der kleinadelige masowische Krautjunker, der gerade einmal der Herr über eine Hand voll Bauern war und kaum besser lebte als sie. Nicht, dass der «arme Adel», in Frankreich ca. 5 % der Landadeligen, hungern musste – obwohl auch dies bei spanischen Hidalgos gelegentlich vorgekommen sein soll –, aber er lebte jedenfalls unstandesgemäß.

Manche der adeligen Herrschaftsrechte waren prestigeträchtig, aber nicht unbedingt lukrativ. Während die Zwangs- und Bannrechte (s. S. 28) bestimmte Einkünfte versprachen, sicherte das Kirchenpatronat das Recht auf die Präsentation etwa eines Pfarrers und damit einen indirekten Einfluss auf die Gemeinde, verpflichtete den Patronatsherrn jedoch zur Erhaltung der Kirche. Diese Rechte bezogen sich ohnehin in der Regel nur auf Dörfer; lediglich in Ostmitteleuropa übten Magnaten häufiger noch eine regelrechte Stadtherrschaft aus. Von den Patrimonial- oder Niedergerichtsrechten war die nichtstreitige Gerichtsbarkeit, also etwa die Beglaubigung von Kauf- oder Heiratsverträgen der Untertanen, am einträglichsten, weil hier öfter hohe Gebühren, aber kaum Kosten anfielen. Forderte aber der Landesherr speziell mit Hinblick auf Zivil- oder kleinere Strafprozesse einen juristisch gebildeten Richter, musste der Gerichtsherr sich entweder selbst einer Ausbildung unterziehen oder einen Gerichtshalter anstellen und bezahlen. Über die wenig rentable Hochgerichtsbarkeit, bei der es um «Leib und Leben» ging, verfügten die allermeisten adeligen Grundherren und außerhalb Polens selbst viele Gutsherren des europäischen Festlandes ohnehin nicht. Aber auch die Selbstverwaltung der englischen Grafschaften wich davon nicht stark ab: Die Friedensrichter bedurften vertiefter juristischer Kenntnisse, wollten sie, zusammen mit Geschworenen, schwere Kriminalfälle behandeln. Im Übrigen waren sie unbezahlte «Amateurbeamte», die zwar aus der lokalen Gentry stammten, jedoch vom König ernannt und vom Privy Council kontrolliert wurden. Die Legislativgewalt aber lag in England zunächst beim «king in parliament», also im Zusammenspiel von König und Ständeversammlung, seit 1689 dann faktisch überwiegend beim Parlament.

6. Adelsorganisationen und ständische Korporationen

Um «ihr» Land zu verwalten, bedurften Monarchen jahrhundertelang des Adels, dessen Unterstützung sie vor allem im 16. Jahrhundert noch persönlich mobilisieren mussten. Solange der König ein «Erster unter Gleichen» war, besaßen seine «Beamten» auf den Besitzungen eines großen adeligen Herrn wenig Autorität. Außerdem gab es, aufgrund der relativ schwachen Finanzmittel der Krone, viel zu wenige Beamte, um flächendeckend dem Willen des Herrschers Geltung zu verschaffen. Auch wenn zahlreiche einzelne Adelige in den Dienst der Krone traten – in seinen ständischen Korporationen bemühte sich der Adel zu verhindern, dass die Fürsten ihre Macht allzu sehr ausbauten. Denn fürstliche Souveränität bzw. Hoheit und adelige Gleichheit vertrugen sich nun einmal schlecht: Tendierten viele Fürsten dazu, sich unter «absolutistischen» Vorzeichen nicht mehr zum Adel zu rechnen, so strebte der Adel als der gemeinhin führende Stand nach einem ständischen Regiment. Das Ergebnis war von Land zu Land unterschiedlich. Im Reich entwickelten sich in einzelnen Territorien keine Stände, oder Fürsten machten deren Ausbildung rückgängig (Baden, Kurpfalz, Oberpfalz). In Mecklenburg dagegen triumphierten 1755 die ganz vom Adel dominierten Stände. In der Kurmark kam es 1653 zu einem Herrschaftskompromiss: Der Kurfürst garantierte dem Adel die gutsherrschaftlichen Verhältnisse und überließ ihm damit weitgehend die Lokalverwaltung, die Außenpolitik und Gesetzgebung bestimmte er praktisch allein.

Ständische Korporationen, die auf Reichs- oder Landtagen mehr oder minder häufig und mit größerem oder geringerem Erfolg politische Mitsprache praktizierten, bildeten sich seit dem Hochmittelalter fast überall in Europa, nur ansatzweise allerdings in Russland und gar nicht im Osmanischen Reich. Auch wenn öfter Ausschüsse an deren Stelle traten, liefert die Frequenz solcher Versammlungen ein Indiz für deren Macht: Letztmalig einberufen wurden etwa die piemontesischen Landstände 1560, die kurmärkischen 1653, die bayerischen 1669, die dänischen Reichsstände 1660, die portugiesischen 1697. Ihre Zusammen-

setzung war unterschiedlich. Frankreich kannte drei getrennt ta-
gende Ständekurien, die allerdings zwischen 1615 und 1789 nur
mehr auf der Ebene mancher Provinzen, nie jedoch in Form von
Generalständen (Reichsständen) zusammentraten: Geistlichkeit
– Adel – Dritter Stand. An letzterer Stelle standen in vielen Ländern ausschließlich Vertreter der wichtigsten Städte. Dafür fehlte in den meisten protestantischen Ländern eine eigene Prälaten-
kurie, ebenso in Polen und Ungarn. Dagegen saßen im schwedischen Reichstag ebenso wie im Tiroler Landtag Repräsentanten
der Bauern. Selten aber mangelte es an einer eigenen Adelskam-
mer; in Böhmen, Ober- und Niederösterreich, in Ungarn, Polen
und Ostpreußen existierten sogar deren zwei: eine für die «Herren» (Magnaten bzw. Grafen und Freiherren), eine andere für die
«Ritter», also den Niederadel.

Auch der Reichstag des «deutschen» Reichs kannte eine solche Teilung. Die Kurfürsten (Mainz, Trier, Köln, Böhmen, Pfalz,
Sachsen, Brandenburg, 1623/48–1777 Bayern, seit 1692/1708
Hannover) besaßen neben dem ausschließlichen Recht der Kö-
nigs- bzw. Kaiserwahl weitere Privilegien, insbesondere die Un-
teilbarkeit und besondere Rechtshoheit der Kurlande. Von ihnen getrennt saßen auf dem Reichstag die geistlichen und weltlichen Reichsfürsten (bzw. deren Repräsentanten): Herzöge,
Land- und Markgrafen, Fürstbischöfe, -pröpste, -äbte und -äb-
tissinnen, von denen die so genannten Schwäbischen und Rhei-
nischen Prälaten indes nur jeweils eine Kollektivstimme führten, ebenso wie die zunächst zwei, seit 1653 vier Vertreter der
(schwäbischen und Wetterauer = hessischen, dann auch der
fränkischen und niederrheinisch-westfälischen) Reichsgrafen.
Das Gewicht der reichsstädtischen Kurie war gering: Lieber ei-
nigten sich Kurfürsten und Fürsten untereinander, als den
Reichsstädten die Entscheidung zu lassen. Ein Kaiser wie
Karl V. konnte zwar entscheiden, *wann* er einen Reichstag ein-
berief – ein Selbstversammlungsrecht der Stände existierte gemeinhin nicht. Aber wenn er etwa für einen Türkenkrieg Geld
brauchte und nicht alles selbst aufbringen wollte (bzw. konnte),
war er genötigt, seine Reichsstände um die Bewilligung einer
«Türkenhilfe» zu bitten, d. h. einer Steuer, welche diese im Re-

gelfall natürlich auf ihre eigenen Untertanen umlegten. Dafür musste Karl V. ihnen immer wieder Zugeständnisse machen – nicht zuletzt den protestantischen Ständen in der Konfessionsfrage. Nachdem 1521 auf Dauer eine Reichsmatrikel eingerichtet worden war, stand ihm auch nicht mehr frei zu entscheiden, *wer* zum Reichstag geladen werden sollte: Die Reichsstände bildeten nun einen geschlossenen Kreis.

Ihm gehörten die Reichsritter nicht an, obwohl sie nur dem Kaiser unterstanden. Die Einungen von Niederadeligen im 14./15. Jahrhundert, an denen sich öfter auch Grafen beteiligten, waren in der Regel gegen die Expansion der fürstlichen Macht gerichtet. Dadurch gelang es vielen von ihnen im Südwesten des Reichs und in Franken, eine gewisse extraterritoriale Eigenständigkeit zu behaupten, während anderswo der Niederadel zum landsässigen Adel, wenngleich zumeist mit landständischen Privilegien, wurde. Nicht zuletzt die Weiterentwicklung der Artillerie schwächte nämlich die Position der kleinen Herren: Viele Burgen wurden, insbesondere in den 1520er Jahren, von Fürsten, Reichsstädten, aber auch im Deutschen Bauernkrieg zerstört. Die adeligen Einungen verfielen, zumal die Grafen sich abzusetzen begannen. So drohte das Rittertum zwischen unzufriedenen Untertanen und expansionswilligen Fürsten zerrieben zu werden.

Einen möglichen Ausweg bot die Anlehnung an das Reichsoberhaupt. Als der Reichstag von 1542 eine «Türkenhilfe» ausschrieb und dabei beschloss, mit den Niederadeligen in Schwaben, Franken und am Rhein gesondert über deren jeweilige Steuerzahlung zu verhandeln, begannen sich in diesen drei Gegenden «Ritterkreise» herauszukristallisieren: Wer unmittelbar an den Kaiser zahlte, wurde zum «reichsunmittelbaren» Ritter, wer das auf einen Fürsten abschob, ordnete sich diesem damit sichtbar unter. So entstand ein quasiterritorialer, erstaunlich langlebiger Verband, der um 1800 ca. 350 Geschlechter mit 1730 Gütern und rund 450 000 Untertanen umfasste und faktisch eine Reihe geistlicher Fürstentümer im Rhein-Main-Raum kontrollierte. Sein organisatorischer Schwerpunkt lag allerdings in den insgesamt 14 Ritterorten (Kantonen), nicht in den übergeordneten Ritterkreisen oder gar bei dem 1577 geschaffenen Gesamtbund: Die Kantone, sich durch Kooptation ergänzende (Zwangs-)Korporationen, waren es, die eine Art Landesherrschaft ausübten.

Innerhalb eines Landes waren Konflikte unvermeidlich, wenn die monarchische Gewalt oder die ständische Macht ihre Position auf Kosten der jeweils anderen Seite auszubauen suchte. Häufig wurde die Situation dadurch kompliziert, dass die Masse oder zumindest ein Teil des Adels einer Konfession angehörte, der Fürst aber einer anderen. Im Fürstentum Siebenbürgen erkannte der Landtag daher 1572 mehrere Konfessionen als gleichberechtigt an. Dagegen ging der Wiener Zentralismus mit der Gegenreformation im habsburgischen Teil Ungarns Hand in Hand und vertiefte so die Spaltung des Adels: Katholiken ordneten sich ihm leichter unter als Protestanten, insbesondere Calvinisten, die wiederholt Aufstände anführten, galt doch hier gewohnheitsmäßig, wie in Polen, ein Widerstandsrecht aller (theoretisch gleichgestellten) Adeligen gegen einen tyrannischen Herrscher. Ähnlich war die Situation in Böhmen, wo sich der Absolutismus allerdings 1620/27 mit der Niederschlagung der von radikalen Protestanten geführten, aber keineswegs von allen Adeligen unterstützten Ständerevolte durchsetzte. Gewaltige Besitzumschichtungen zugunsten kaiserlicher Parteigänger aus vielen Ländern folgten auf die Schlacht am Weißen Berg (1620) und das Ende Wallensteins (1634). Nicht wenige Angehörige des personell teilweise erneuerten Herrenstandes wurden jedoch weiterhin an der böhmischen Landesverwaltung, ja zunehmend sogar an der Regierung der gesamten Habsburgermonarchie beteiligt.

In Frankreich musste sich das Königshaus Valois in den 1520er Jahren mit dem Connétable de Bourbon als einem hochadeligen Lehensträger herumschlagen. Anders als im Reich erloschen jedoch die letzten großen Lehensfürstentümer bis 1607. Trotzdem blieb die Position der Krone schwach: In den Religionskriegen sah sie sich lange zum Lavieren gezwungen zwischen den von Spanien unterstützten Kronambitionen und gegenreformatorischen Tendenzen der französisch-lothringi-

schen Guise einerseits und der militärischen Macht der Huge-
notten andererseits, die beide im Adel Anhänger besaßen. Noch
danach hatten die Kardinäle Richelieu und Mazarin die Interessen der Krone gegen Frondeure unterschiedlicher Herkunft zu
verteidigen: ehrgeizige Hochadelige, besonders Prinzen von Geblüt, die ihre Macht ausbauen wollten, Kleinadelige, die von
konstitutionellen Verhältnissen träumten, aber auch die Amts-
adeligen des Parlaments (hohen Gerichts) von Paris. Doch die
Frondeure verfolgten eben unterschiedliche Ziele, rivalisierten
miteinander und waren bereit, auf Avancen der Krone einzuge-
hen, wenn sie sich einen Vorteil davon versprachen. So setzte
sich auch in Frankreich der monarchische Absolutismus durch,
ähnlich wie zuvor in Kastilien, wo die Cortes («Höfe» = Reichs-
/Landtag) schon im 16. Jahrhundert an Einfluss verloren, während sie sich in Portugal und den aragonesischen Ländern bis
um 1700 noch gut behaupteten. Aber die absolutistischen Tendenzen Philipps II. provozierten in den Niederlanden einen
«Freiheitskampf» mit der bekannten Überlagerung ständischer
und konfessioneller Motive, die den Adel und sogar das Land
spalteten.

In Dänemark hatten bis 1660/65 die rund 150 führenden
Adelsfamilien, die die Hälfte der Nutzfläche des Landes beherrschten, den Ton angegeben. Doch der König verbündete
sich mit den nichtadeligen Ständen, beseitigte den hochadeligen
Reichsrat, beließ dem Adel aber seine Steuerfreiheit. Er ver-
äußerte sogar weiterhin Krongut, nunmehr freilich vor allem an
seinen Dienstadel, außer in Norwegen, wo die Bauern im
18. Jahrhundert, wie in Schweden, ihren Grundbesitz auf Kosten von Krone und Adel auszuweiten vermochten. Das legt
nahe, dass es – wie überall – auch hier Phasen vertrauensvoller
Zusammenarbeit zwischen Monarchie und Adel gab. Der
schwedische Reichstag, der schon 1569 König Erik XIV. durch
dessen Bruder ersetzt hatte, entledigte sich 1600 seines katholisch gewordenen und 1587 in Polen zum König gewählten
Monarchen Sigismund III. – diesmal gegen den Willen des
Hochadels. In der Folgezeit aber war der Aufbau der schwedischen Großmachtstellung mindestens ebenso sehr das Werk des

Adelsführers Graf Oxenstierna wie des schon 1632 im Dreißigjährigen Krieg gefallenen Königs Gustav II. Adolf, der mit ihm
eng kooperiert hatte. Seitdem wechselten Zeiten ständischer
Dominanz mit Phasen eines absolutistischen Königtums unter
Karl XI. und Karl XII. Der Staatsstreich Gustavs III. (1773) be-
endete mit dem ständischen Regiment das Schattenkönigtum
seiner Vorgänger und begründete den Absolutismus wieder; der
König wurde dafür 1792 von einem Adeligen ermordet.

Zeitweise ähnlich dramatisch verlief der Konflikt zwischen
Krone und Ständen in England. Elisabeth I. vermied es geschickt, dem Parlament allzu viel Mitsprache einzuräumen, sie
hatte allerdings mit der Opposition anglo-irischer Magnaten
zu kämpfen. Dagegen verfolgten Jakob I. eher theoretisch und
Karl I. praktisch einen Konfrontationskurs – der Karl 1649 den
Kopf kosten sollte. Allerdings war es nun nicht das Parlament
selbst, sondern der kleinadelige ehemalige Anführer der Kavallerie des Parlamentsheeres Oliver Cromwell, der die Szene beherrschte. Nach der Restauration der Monarchie aber steuerten
ab 1678 Karl II. bzw. Jakob II. wieder einen absolutistischen
und Letzterer auch einen gegenreformatorischen Kurs. Die
«Glorious Revolution» (1688) stellte mit Wilhelm III. als neuem König das Gleichgewicht wieder her, sicherte die Rechte des
Parlaments und legte damit den Grundstein dafür, dass dieses in
der Folgezeit immer mehr an Macht gewann. Georg III. konnte
das nach 1760 nur zeitweise rückgängig machen. Zudem war
die Repräsentanz im Parlament außerordentlich stabil: Zum
einen fand mancher Abgeordneter dort Dutzende Verwandte
vor, zum anderen wurden einzelne Wahlkreise über acht oder
zehn Generationen hindurch vererbt. So begann das «goldene
Zeitalter» der hohen englischen Aristokratie, die viele Ämter
auf Regierungs- und Grafschaftsebene kontrollierte, bis zur
Wahlrechtsreform von 1832 auch zahlreiche Unterhaussitze.

In Polen war 1505 die «Nihil-Novi»-Konstitution («Nichts
Neues») erlassen worden, wonach neue Gesetze der Zustimmung beider Kammern (Senat, Landbotenstube) des Reichstags
bedurften. 1573 wurde das Land endgültig zur Wahlmonarchie,
faktisch zu einer Adelsrepublik mit monarchischer Spitze, in der

idealiter Kompromisse zu einem durch Akklamation oder Einstimmigkeit ausgedrückten «Gemeinwillen» führen sollten. Seitdem durfte sich jeder Adelige an der Königswahl beteiligen, wenngleich meist die (vielfach von ausländischen Mächten beeinflussten bzw. bestochenen) Magnaten mit ihren jeweiligen Klientelverbänden den Ausschlag gaben. Seit 1652 aber konnte jeder Abgeordnete alle Beschlüsse des Reichstags durch sein «freies Veto» kippen. Darüber hinaus hatten Adelige, die sich in ihren Rechten verletzt fühlten, das Privileg, sich zu bewaffneten Konföderationen zusammenzuschließen. So verhinderte eine auf die Spitze getriebene, «goldene» Adelsfreiheit den Ausbau staatlicher Institutionen und schwächte den Staat, bis dieser 1772 einen Großteil seines Gebiets an seine übermächtigen Nachbarn verlor. Erst dieser Schock löste Reformen aus, die in der Verfassung von 1791 gipfelten, welche die Wiedereinführung der Erbmonarchie und eine Abschaffung des Vetos vorsahen. Dies kam aber zu spät, um die endgültige Aufteilung des Landes (1793/95) zu verhindern.

Italien kannte ebenfalls bis gegen 1800 Adelsrepubliken wie Venedig, wo der Doge (von lat. dux) eine schwache Position gegenüber dem im «Großen Rat» versammelten Stadtadel und dessen Ausschüssen einnahm. Daneben standen hier formal absolutistisch regierte Staaten, deren Herren jedoch auf die Mitarbeit der großen Adelsfamilien oder zumindest vieler einzelner Adeliger angewiesen blieben. Mit deren Hilfe wurden unter österreichischer Herrschaft in der Lombardei und der Toskana wichtige Neuerungen durchgeführt, während die konservativen Barone Neapel-Siziliens und die großen Geschlechter des Kirchenstaates Reformen regelmäßig blockierten. Die Päpste bedienten sich zwar bis ins 17. Jahrhundert hinein eines ausgeprägten Nepotismus, um die Stellung ihrer Herkunftsfamilien auszubauen. Aber jede Neuwahl setzte dem päpstlichen Absolutismus Grenzen. Auch die Kardinäle, die über die Kurie (lat. curia = Hof) in Rom mitregierten, waren schließlich Adelige mit Verwandtschaft.

7. Adelige im Dienst von Fürsten und Kirchen

Im Spätmittelalter stammte noch der größte Teil der Räte aus dem Adel, denn viele Adelige traten zur Sicherung und Steigerung ihrer eigenen Position gerne in den königlichen Dienst. Langsam erhielten sie jedoch Konkurrenz durch bürgerliche Juristen – was den Adel nötigte, sich ebenfalls um eine qualifiziertere Ausbildung zu bemühen. Gelangten Bürgerliche in hohe Ämter, wurden sie indes, ebenso wie als herausragende Offiziere oder Kaufleute, immer häufiger nobilitiert. Obwohl Spannungen zwischen altem «Schwert-» und jüngerem «Amts-» Adel besonders in Frankreich im Alltag gelegentlich aufflammten, verschmolzen beide Gruppierungen bis 1789 doch weitgehend miteinander.

Waren diese adeligen Amtsträger, gleich welcher Herkunft, nun Exekutoren eines monarchischen Willens, auch gegen ihre eigenen Standesgenossen, oder in Wahrheit deren Interessenvertreter innerhalb der Zentralgewalt? Für beide Extreme lassen sich zahlreiche Beispiele finden, im Allgemeinen liegt die Wahrheit jedoch wohl in der Mitte: Ein adeliger Amtsträger war seinem Fürsten gegenüber loyal, solange dieser seine Standessolidarität nicht auf eine allzu harte Probe stellte. Schließlich profitierten manche Adelsgruppen von dem Ausbau der Staatsgewalt, der andere bedrohte. Aber selbst dieselbe Person oder Familie mochte in unterschiedlichen Kontexten verschieden handeln: Im 18. Jahrhundert agierten die Bernstorff etwa in Mecklenburg als Führer der Stände, während sie in Dänemark als Minister einem absolutistischen Königtum dienten. Freilich war die «absolute» Monarchie gar nicht so absolut, und auch die meisten ihrer Vertreter bedurften der Kooperation der Stände bzw. des Adels, etwa Friedrich II. von Preußen besonders in seinen Westprovinzen, Maria Theresia in Ungarn (Joseph II., der durch seine Verwaltungsreformen und die Aufhebung der Erbuntertänigkeit die Interessen des ungarischen und böhmischen Adels massiv verletzte, scheiterte denn auch fast auf der ganzen Linie).

Aber auch aus prinzipieller Überzeugung vom höheren Leistungsvermögen eines Adeligen förderten viele Monarchen «ihre» Adeligen oder auch fremde, wenn sie sich nur einigermaßen als qualifiziert erwiesen: Im 1604 begründeten Geheimen Rat Brandenburg-Preußens wurde der anfängliche Anteil bürgerlicher Räte von 50 % wohl nie mehr erreicht, um 1700 fiel er zeitweise auf 2,8 %! Umgekehrt sahen viele Edelleute im Königsdienst bessere Chancen, nicht nur für ihr eigenes, sondern auch für das Wohl «ihres» Landes zu wirken, als wenn sie sich auf die Ausübung ihrer lokalen Herrschaft beschränkt hätten. Das russische Bojarentum war grundsätzlich nicht erblich, aber die Familientradition gebot den Dienst für den Zaren, wodurch sich ein über die Jahrhunderte existierender, quasi-erblicher «Dienstadel» herausbildete. Auch anderswo gab es regelrechte «Beamten-» und sogar «Minister-»Dynastien – vom französischen Parlamentsadel ganz zu schweigen. Allerdings akzeptierte der Absolutismus nicht mehr den Anspruch von Hochadeligen, sozusagen qua Geburt «geborene» Ratgeber des Monarchen und «natürliche» Inhaber der höchsten Ämter zu sein. Die hoch dotierten vornehmsten Hofränge, Ehrenämter und die Spitzenposten der Diplomatie blieben diesen Kreisen zwar gemeinhin lange erhalten. Aber die wichtigsten Stellen in Regierung und Verwaltung vergab Ludwig XIV. an qualifizierte Männer einfacherer Herkunft. Das Gleiche geschah, anscheinend gerade am Anfang und Ende der Frühen Neuzeit, in anderen westeuropäischen Ländern, etwa unter Heinrich VIII. in England oder unter Karl III. in Spanien. Gegen den Hass des Hochadels bot die königliche Gunst den Parvenüs freilich nicht immer sicheren Schutz, wie die Schicksale Kardinal Wolseys und Thomas Cromwells beweisen.

Daneben bildete das Offizierkorps traditionell eine Domäne des Adels. In England richtete sich dessen Interesse allerdings schließlich eher auf die Marine als auf das Heer. Ein Adelsanteil von gut 90 %, wie noch 1806 in Preußen, lag deutlich über den damaligen Werten Sachsens (über 70 %), Badens (56 %) oder gar Bayerns (unter 48 %), entsprach aber dem des französischen Ancien Régime. Jedenfalls lebte im hohen Militär teilweise noch etwas von den alten ritterlichen Idealen fort – allerdings eher gegenüber dem gleichrangigen Offizier auf der Gegenseite als gegenüber dem eigenen oder dem fremden Söldner bzw. Rekru-

ten. Dies wiederum war auch ein Ergebnis der Internationaliät
der Offizierkorps: Von den gut 7000 preußischen Offizieren
trugen 1059 einen polnischen oder französischen Namen!
Trotzdem lag der Anteil an aktiven oder ehemaligen Offizieren
im Adel mehrerer preußischer Provinzen bei mindestens 60% –
offenbar mangelte es auch an Alternativen.

Die Kirchen boten zwar ein weiteres Feld für eine standesgemäße Betätigung, aber je nach Konfession und Land in unterschiedlichem Ausmaß. Erstens verloren die Protestanten durch
die Säkularisationen der Reformationszeit die meisten Stifte, die
als Versorgungsinstitutionen für ihre nachgeborenen Söhne dienen konnten (was später wieder zu Konversionen zum Katholizismus führte). Zweitens bildeten in vielen protestantischen
Ländern, aber auch in Spanien anspruchsvolle theologische Studien die Voraussetzung für hohe Kirchenämter. Dort hielt sich
unter den kirchlichen Würdenträgern folglich immer ein be-
trächtlicher Prozentsatz Nichtadeliger. Anders sah es aus, wo es
bei der Wahl der Amtsinhaber allein auf das Standesbewusst-
sein der Wähler oder die Sympathien bestimmter Hofkreise
bzw. des nominationsberechtigten Monarchen ankam.

Dazu drei Beispiele aus dem 18. Jahrhundert: In dieser Zeit
stammten 15% der anglikanischen Bischöfe Englands aus der
Peerage (mit stark steigender Tendenz nach 1740), sehr viele andere aus der Gentry, nicht mehr, wie noch 1600/50, zum überwiegenden Teil aus nichtadeligen Schichten. Von 85 zur Zeit der
Säkularisation 1802/03 amtierenden katholischen Bischöfen des
Alten Reichs (Böhmen und gewisse «Grenzfälle» wie den
Bischof von Basel ausgenommen) waren 84 adeliger Geburt –
nur der 1788 ernannte «josephinische» Bischof von Linz bildete eine Ausnahme. Schließlich waren die meisten dieser Oberhirten Reichsfürsten und wurden von Domkapiteln gewählt, die
in der Regel von Reichsrittern (Franken, Rhein-Mosel-Raum)
oder einer besonderen Kategorie wohlhabender «Stifts-»Adeliger (Westfalen) mit ausgeprägtem Konnubium beherrscht wurden. Sie wählten einen der Ihren, daneben gelegentlich einen
Prinzen aus regierendem Hause zum Bischof. Auch von den
62 Weihbischöfen waren 46 Adelige (74%), fünf nobilitiert

(8 %), nur elf bürgerlich (18 %). Nicht anders die Situation in Frankreich, wo im Übrigen ein Teil des Klerus so verweltlicht war, dass Ludwig XVI. den Vorschlag, den Erzbischof von Toulouse, Loménie de Brienne, zum Metropoliten der französischen Hauptstadt zu nominieren, mit den Worten abgelehnt haben soll, wenigstens der Erzbischof von Paris sollte an Gott glauben (der König ernannte ihn dann 1787 zum Generalkontrolleur der Finanzen, was dessen unbestreitbaren administrativen Fähigkeiten wohl auch besser entsprach). So zählten 1789 von 130 französischen Bischöfen 99 (76,2 %) zum Geburtsadel, 25 zum «unvollendeten Adel», zwei galten, trotz heute ungesicherter Herkunft, wohl als adelig, und nur ein Einziger stammte zweifelsfrei nicht aus dem zweiten Stand, sondern verdankte sein Amt als Bischof einer unbedeutenden Diözese der Protektion einer Prinzessin, die – wie er – dem Karmeliterorden angehörte.

Der Niederklerus war hingegen in allen europäischen Ländern (außer in Polen) ganz überwiegend nichtadeliger Herkunft. Das wirkte sich auf den Ständeversammlungen so lange nicht aus, wie die traditionelle Ehrerbietung die einfachen Pfarrer veranlasste, wie ihre adeligen geistlichen Oberhirten abzustimmen: Damit kontrollierten die Privilegierten die Mehrheit der Kurien. Genau dies änderte sich jedoch in Frankreich auf der Tagung der Generalstände im Juni/Juli 1789.

IV. Der Adel zwischen Französischer Revolution und Erstem Weltkrieg

1. Allgemeine Tendenzen

Teilweise in der «Frühen Neuzeit», teilweise erst nach 1789/ 1800 beginnend und von Land zu Land oder Region zu Region unterschiedlich ausgeprägt, lassen sich einige grundlegende, freilich oft diskontinuierlich, nur langfristig wirkende Trends ausmachen, die die «neueste» Geschichte des Adels bestimmen:

1. Ein (zumindest relativer) demografischer Rückgang: Von einzelnen Ausnahmen (Toskana, Niederlande, Russland) mit reger Nobilitierungstätigkeit abgesehen, sinkt der adelige Bevölkerungsanteil, etwa in Deutschland 1815/30–1925 von 0,5 % auf unter 0,1 % – besonders Süddeutschland war frühzeitig «adelsarm» (0,1–0,2 %). Dafür waren freiwillige Geburtenbeschränkungen mit verantwortlich, im englischen Hochadel frühzeitig nachweisbar, noch mehr aber staatliche Maßnahmen, die in Spanien oder Polen schon um 1830/50 den Kleinadel weitgehend vernichteten und nach 1917/18 in manchen Ländern selbst das Tragen eines Adelsprädikats unmöglich machten.

2. Landverlust: Bis 1950 verliert der Adel als soziale Gruppe, ursprünglich in der Regel größter Landbesitzer, die Masse seiner Güter. Dieser Prozess wird teilweise verdeckt durch zwischenzeitliche Landgewinne, namentlich infolge des Kaufs katholischer Kirchengüter, die aber nur einer kleinen Zahl reicher Familien zugute kommen. Der Anteil landarmer oder landloser Geschlechter wächst stark an.

3. Verlust von Führungspositionen: Spezialistentum und Leistungsprinzipien unterhöhlen den Vorrang der Geburt. Herrschaft wird erlernbar, Ämterkumulation unmöglich. In der Staatsverwaltung setzen sich bürokratische Vorstellungen durch: akademische Ausbildung und Prüfungsleistungen als Eintrittserfordernisse, nur stufenweiser, qualifikationsabhängiger Aufstieg. Ähnlich sieht es im Offizierskorps aus und selbst in der Hierarchie der Kirchen. Natürlich bleibt (gerade in Militär und Diplomatie) dem Adel in der Regel bis zum Ersten Weltkrieg und teilweise darüber hinaus ein Laufbahnvorteil erhalten, weil Leistungen sich nur begrenzt quantifizieren lassen, «(ein-)geschliffene» Verhaltensweisen eine Rolle spielen und Beförderungen immer auch von den Vorgesetzten abhängen, in Spitzenpositionen bis 1918 großenteils von Monarchen, die, in ihre höfische Umgebung eingebunden, im Zweifel einen adeligen Bewerber bevorzugen (auch die Päpste stammen bis dahin ausschließlich aus dem italienischen Adel). Aber die Zahl an Spitzenämtern, die exklusiv mit Adeligen besetzt werden, nimmt rapide ab, auch die Anzahl derjenigen, die mit einer Nobilitierung verbunden wer-

den, geht schließlich zurück. Aufstieg in Führungspositionen ist eher individuell als «kollektiv» möglich, auch wenn sich, wie für die Niederlande nachgewiesen, die Chancen für Adelige, eine solche Position zu erreichen, von 1914 bis heute kaum verschlechtert haben. Dafür dürften indes die relativ gehobenen Vermögens- und Bildungsverhältnisse entscheidender sein als die zweifellos weiterexistierenden adeligen «Netzwerke».

4. Annäherung an die bürgerlichen Eliten: Besitz und Bildung boten die Grundlage für eine Annäherung, mitunter sogar Verschmelzung von *Teilen* des Adels und des Bildungs- bzw. Wirtschaftsbürgertums. Das Ausmaß dieses Prozesses ist schwer abzuschätzen – ein Industrieller musste durch den Kauf eines Schlosses seine «bürgerlichen» Interessen und Denkweisen ebenso wenig aufgeben wie ein adeliger Gutsherr durch eine «Geldheirat» die seinen. Offenbar war es jedoch sehr unterschiedlich ausgeprägt: In Frankreich und in Teilen Spaniens und Italiens mag man phasenweise von einer eng verflochtenen adelig-bürgerlichen «Notabelngesellschaft» sprechen, in England waren die Grenzen zwischen der Gentry und den «middle classes» ohnehin recht fließend. In Deutschland dagegen kam es in größerem Umfang weder zu einer «Aristokratisierung» des Großbürgertums noch zu einer «Verbürgerlichung des Adels».

5. Zunehmende Fragmentierung und Desorientiertheit: «Schwarze Schafe» gab es immer, aber die Masse des europäischen Adels teilte gewisse Vorstellungen von Ehre, eigener Überlegenheit und standesgemäßer Lebensführung. Nun lösten sich die Gemeinsamkeiten – und damit weitgehend auch die innerständische Solidarität, trotz einiger Hilfsmaßnahmen – auf: Die Mitglieder des «etablierten» Adels kümmerte es immer weniger, wenn arme Standesgenossen ihren Rang verloren – manche betrieben deren Deklassierung sogar, um das Ansehen des Adels als Stand zu erhalten. Politisch spaltete sich der Adel auf, nicht mehr nur bei Thronstreitigkeiten zwischen dem einen oder dem anderen Prätendenten (wie in den spanischen Karlistenkriegen oder in Frankreich), sondern gemäß den neuen ideologischen Richtungen: Konservativismus versus Liberalismus, Landespatriotismus gegen Nationalismus usw. Natürlich blieb die Mehrheit

des Adels in der Regel eher konservativ, allenfalls konservativ-liberal. Aber eine tiefe Zäsur wie das Ende des Ersten Weltkriegs machte viele selbst für extremistische Strömungen – in diesem Fall: Faschismus bzw. Nationalsozialismus – anfällig, und dies vor allem, aber nicht nur, in Deutschland oder Österreich.

2. Spannungslagen innerhalb des Adels um 1789

Schon im 18. Jahrhundert litt der Adel in vielen Ländern Europas unter internen Spannungen. Immer hatte es ärmere und reichere Adelige gegeben, aber wohl nie zuvor waren die Vermögensunterschiede so gewaltig gewesen. Die Gegensätze zwischen Altadel und «neuem» Briefadel, ob Beamtendynastien oder nobilitierten Kaufleuten, waren nicht völlig eingeebnet. Der Höfling verachtete den Landjunker, dieser blickte mit Abscheu, gepaart mit Neid, auf das Luxusleben am Hof, das ihm fast ebenso dekadent erschien wie manchem bürgerlichen Kritiker.

Speziell in Frankreich lassen sich weitere Spannungen innerhalb des Adels feststellen. Beginnen wir an der Spitze: Statt dass die Krone ihre Gunst verteilte, förderte die in Versailles dominierende Königin Marie Antoinette fast ausschließlich die Familie Polignac und deren Klientel – so dass selbst im Hofadel nicht nur die traditionelle Rivalität herrschte, sondern regelrechte Eifersucht. Eine Reihe höchster Adeliger, darunter der kurzzeitig in die Provinz verbannte Herzog von Orléans, opponierte aus unterschiedlichen Motiven gegen den Absolutismus der Krone. Die von Räten aus dem Amtsadel besetzten Parlamente sahen sich ohnehin als Hüter der Verfassung gegen «despotische» Minister und Könige und schürten die Angst breiter Kreise vor ungehemmten Steuererhöhungen. Ein Edikt von 1781 wollte den alten, königstreuen, aber wenig betuchten Landadel fördern, indem es für viele höhere Offiziersstellen vier adelige Vorfahren forderte. Das traf weniger den einfachen Bürger, der seinem Sohn schwerlich eine solche Stelle kaufen oder eine entsprechende Ausbildung zukommen lassen konnte, als vielmehr den «unvollendeten Adel» (s. S. 48). Dessen Stellung war – unabhängig davon, ob das Edikt zu Recht oder zu Un-

recht als Teil einer «aristokratischen Reaktion» gedeutet wurde
– ungeklärt bzw. ambivalent: 1789 wurde es, wie gesagt, von
Provinz zu Provinz unterschiedlich gehandhabt, ob man solche
Adeligen zu den Wahlversammlungen des zweiten Standes zu-
ließ oder nicht. Um die Früchte ihres sozialen Aufstiegs betro-
gen, schlossen sich manche den oppositionellen Kräften des sog.
Dritten Standes an – mindestens ein, vielleicht sogar zwei Dut-
zend Adelige wurden zu dessen Abgeordneten gewählt.

Das Verhältnis zu den bürgerlichen Eliten hatte den Adel
schon lange gespalten. Durch die Aufklärung waren die ständischen Schranken zwischen den Gebildeten und Wohlhabenden
beider Seiten zunehmend abgebaut worden: In Akademien,
Freimaurerlogen, Salons begegnete man sich auf gleicher Au-
genhöhe. Schließlich hatten führende Persönlichkeiten aus Adel
und Bürgertum die Bewegung vorangebracht, der Parlamentsadelige Montesquieu nicht weniger als der großbürgerlich geborene Voltaire, der neuadelige Baron d'Holbach ebenso wie der
Uhrmachersohn Rousseau, der altadelige Marquis de Condor-
cet, gegen den Willen seiner Familie Mitglied der Akademie der
Naturwissenschaften, bald Girondist in der Gesetzgebenden
Nationalversammlung und im Konvent, ebenso engagiert wie
Diderot, der Sohn eines wohlhabenden Messerschmieds und
Metallwarenhändlers. So überrascht es auch nicht, dass die
«Vorrevolution» von 1787/88 wesentlich von jungen Adeligen
vorwärts getrieben wurde: Der Marquis de Lafayette war es,
der in der Notabelnversammlung von 1787 als Erster die
Wiedereinberufung der Generalstände forderte. Mounier, der
sich für 23 000 Livres mit einem Richteramt einen persönlichen
Adelstitel gekauft hatte, setzte 1788 in seiner Heimatprovinz
Dauphiné erstmals die Vereinigung der drei Stände durch. Als
1789 die Wähler ihren Abgeordneten Beschwerdehefte mit auf
den Weg nach Versailles gaben, unterschieden sich diejenigen
des Adels und des Dritten Standes nur in einem wesentlichen
Punkt, nämlich hinsichtlich der Frage der Abschaffung der seigneurialen Rechte. Beiden aber waren die Einschränkung absolutistischer Macht und die Garantie von Freiheitsrechten in
gleicher Weise ein Anliegen, die Pressefreiheit dem Adel sogar

ein besonders großes. Selbst bei der Forderung nach Steuergleichheit lagen die adeligen Beschwerdehefte prozentual vorn
(88,5% : 86%) – auch wenn sich viele Edelleute dann doch
nicht als so fortschrittlich erwiesen, als die Revolution ausbrach
und mit der Beseitigung der Privilegien ernst zu machen begann.

3. Adelsstand und Französische Revolution

Nach der Eröffnung der Generalstände in Versailles forderte der
Dritte Stand die beiden anderen auf, sich mit ihm zur «Verfas-
sunggebenden Nationalversammlung» zusammenzuschließen,
mithin die Trennung in drei Kurien aufzugeben. Dafür votierte
schließlich, gegen den Willen der meisten Bischöfe, eine Mehrheit des Klerus sowie immerhin rund ein Viertel des Adels. Der
König verbot den Zusammenschluss, aber ein Prinz von Geblüt,
der schon mehrfach erwähnte Herzog von Orléans, vollzog mit
einer Reihe von Gesinnungsgenossen den Anschluss und löste
damit eine Bewegung aus, gegen die selbst die Krone machtlos
war. Der riesige Innenhof des herzoglichen Pariser Stadtpalais
diente lange der Agitation gegen Ludwig XVI. Vermutlich wollte der Herzog seinen entfernten Vetter auf dem Thron ablösen.
Jedenfalls stimmte er später als Konventsabgeordneter unter seinem neuen Namen Philippe-Égalité («Philipp Gleichheit») für
dessen Tod. Das rettete ihn allerdings unter der Jakobinerdikta-
tur nicht vor der Guillotine.

Der Juli 1789 war in Paris geprägt vom Sturm auf die Bas-
tille, auf dem Land aber von der «Großen Furcht» vor einem
angeblichen Adelskomplott, das plündernde Horden gegen die
Landbevölkerung hetzen sollte. Die Bauern bewaffneten sich
und zogen vor die Schlösser ihrer Herren. Dabei gingen nicht
wenige Archive, in denen die seigneurialen Rechtstitel verwahrt
wurden, in Flammen auf. Daraufhin beschloss die Nationalversammlung auf Antrag zweier Hochadeliger am 4./5. August
1789, die Feudalrechte abzuschaffen – freilich nicht entschädi-
gungslos, sondern gegen hohe Ablösungssummen. Die meisten
Bauern verweigerten allerdings nun alle weiteren Zahlungen
und Dienste.

Dieser Verlust der Feudalrechte, die je nach Region zu 10–33% zu den Gesamteinkommen beitrugen, traf manche Adelsfamilie hart, bedeutete aber keineswegs den finanziellen Ruin des gesamten Standes; selbst bewirtschaftete oder verpachtete Güter waren davon ja nicht automatisch oder jedenfalls nicht auf Dauer betroffen. Schlimm war es vor allem für den Parlamentsadel, als die Nationalversammlung die Käuflichkeit und Erblichkeit aller Ämter beseitigte – ein geschätzter Wert von 1,5 Mrd. Livres wurde damit mit einem Federzug vernichtet. Trotz mancher Entschädigungen war es fast so, als würde heute ein Parlament einen Teil der Bankguthaben für wertlos erklären. Dass die Versammlung, auf Antrag des altadeligen Bischofs Talleyrand, die Kirchengüter verstaatlichte, konnte den Adel dagegen wenig stören. Als aber ab Juli 1790 alle Geistlichen, also insbesondere auch die Bischöfe, von den Aktivbürgern gewählt werden sollten, drohte der höhere Adel die meisten Kirchenpfründen zu verlieren – weshalb sich seitdem fast alle Bischöfe gegen die Revolution wandten, was die französische Kirche spaltete.

Doch noch immer war die Revolution nicht spezifisch adelsfeindlich. Schon im Juni war zwar erstmals in Europa der Adel abgeschafft worden – wobei liberale Adelige wie Lafayette eine wesentliche Rolle gespielt haben sollen, freilich zum Entsetzen anderer, während eine dritte Gruppe sich unentschlossen zeigte, der «Volksführer» Marat (um nicht Adelige in die Opposition zu drängen) und der leitende (bürgerliche!) Minister Necker (um das Volk nicht zu «verwirren») jedoch gegen die Aufhebung plädierten! Aber gleichzeitig hieß es, Verdienste um die Nation sollten belohnt werden. Das war kein Zufall: Das gehobene Bürgertum war sicherlich gegen exklusive Adelsprivilegien eingestellt, gleichzeitig aber war es durchaus bereit, einen Teil des Adels auch weiterhin an den Führungspositionen zu beteiligen. Denn letztlich zielte es auf eine Notabelngesellschaft der Gebildeten und Besitzenden, eine Elitenfusion, die sich in Ansätzen – vor allem auf kulturellem Gebiet – bereits vor 1789 abgezeichnet hatte.

Die Wende zum schließlich zum terroristischen Generalverdacht gesteigerten Adelshass ging von der Bretagne aus, wo der

ungewöhnlich zahlreiche alte Adel relativ arm war und daher
kompromisslos auf seinen Privilegien beharrte: Der Jakobiner-
klub ging letztlich aus dem «bretonischen Klub» der Abgeordneten des Dritten Standes hervor. Das führte zu einer gewissen Resolidarisierung im Adel. Vor allem aber wurde durch den Flucht-
versuch des Königs vom Juni 1791 für alle Welt deutlich, dass
Ludwig XVI. nicht hinter der neuen, fast fertig gestellten konstitutionellen Verfassung stand. Seine Brüder hatten schon im Juli
1789 das Land verlassen, um vom Ausland her die Gegenrevolu-
tion voranzutreiben. Nun erst kam es jedoch zu einer Massen-
emigration vor allem (ex-)adeliger Offiziere, überwiegend jüngerer Personen. Angeblich fiel ihr Anteil bis 1794 im Offizierskorps auf 5 %, in der Generalität ging er bis 1795 auf 27 % zurück. Das hatte aber primär mit der Vergrößerung des Heeres zu
tun, die zahlreiche Nichtadelige dort schnell aufsteigen ließ:
Stellten sie im April 1792 nur 18 von 153 Generälen, so waren es
290 von 407 im Juli 1795. Von den absoluten Zahlen her gesehen, hatte der ehemalige Adelsstand damit lediglich rd. 20 % der
Generalsstellen eingebüßt. Im Übrigen ist zu betonen, dass die
allermeisten Adeligen, vor allem ältere Männer, Frauen und Kinder, Frankreich nie verließen. Sie überlebten auch den Terror –
unter rund 14000 erfassten Opfern befanden sich «nur»
1158 Edelleute. In manchen Gegenden, insbesondere in Grenzregionen, blieben sie sogar ziemlich unbehelligt und erlitten
nicht einmal große Vermögenseinbußen. Die Güter der Emigranten wurden freilich in der Regel verstaatlicht und anschließend
oft verkauft. Nach 1794 musste indessen kein Adeliger, sofern er
sich nicht besonders gegen die Revolution engagierte, mehr um
seine Freiheit oder gar sein Leben bangen. Nicht wenige aus der
früheren Minderheit liberaler Edelleute wurden sogar wieder
politisch tätig und trugen dazu bei, dass einer der Ihren, der aus
korsischem Kleinadel stammende Offizier Napoléon Bonaparte,
1799 an die Spitze des Staates gelangte.

4. Traditioneller Adel und napoleonischer Neuadel

Schon innerhalb dieser Elite, die durch den Staatsstreich an die Macht gelangte, konkret: unter den Konsuln, Ministern, Staatsräten und Senatoren Napoleons, befanden sich mehr als 25 % Erbadelige der Zeit bis 1790. Der nach dem französischen Konkordat von 1801 neu geschaffene katholische Episkopat zeigte noch stärker ein vom früheren Adel geprägtes Bild: Napoleon wählte aus ihm weit mehr als die Hälfte «seiner» 60 neuen Oberhirten, darunter fast ein Drittel aus den freilich viel zahlreicheren Erzbischöfen und Bischöfen des Ancien Régime. Gleichzeitig erlaubte er den Emigranten die Rückkehr, was die große Mehrheit von ihnen nutzte. Da sie auch ihre Güter wieder erhielten, soweit diese nicht verkauft waren, tauchten danach in vielen Departements, vor allem in West-, Südwest- und Zentralfrankreich, Adelige bald erneut als die höchsten Steuerzahler auf. Trotzdem blieb die Mehrheit der in der Regel ja dezidiert royalistischen Emigranten auf Distanz gegenüber dem Sohn der Revolution, obwohl dessen Bemühungen, gerade jüngere Ex-Adelige in seinen Dienst zu ziehen, auf lange Sicht nicht ohne Erfolg blieben.

Schließlich krönte sich Napoleon 1804 selbst zum Kaiser. Schon bevor er 1810 mit Marie Luise, der Tochter des österreichischen (vormals «deutschen») Kaisers eine Großnichte von Marie Antoinette heiratete und daher Ludwig XVI. seinen «Onkel» nannte, war er fest davon überzeugt, dass er für den Glanz seines neuen Hofes eines Adels mit «glänzenden Namen» bedurfte. Freilich: Die große Mehrzahl der Angehörigen der neuen Elite stammte nicht aus dem Adel des Ancien Régime, sondern meist aus den führenden Kreisen des Dritten Standes, wiewohl sich darunter nicht wenige befanden, die sich schon vor 1789 sozusagen auf dem Weg in den Adel begeben hatten. Diese konnten ihren sozialen Aufstieg nunmehr fortsetzen. 1802 leitete Napoleon nämlich durch die Einrichtung der Ehrenlegion eine gezielte Eliteförderung ein, wobei er sogar für die Töchter der Legionäre eigene, kostenlose Schulen einrichtete. 1808 kreierte er dann einen neuen, meritokratischen, aber doch unbedingt wohlhabenden so genannten kaiserlichen Adel mit rund

3300 Würdenträgern, mehrheitlich hohen Offizieren, aber auch Beamten (wie seinem schon seit 1797 amtierenden Außenminister, dem Exbischof Talleyrand), dazu wenigen Unternehmern, Wissenschaftlern und Künstlern. Gemäß Napoleons Wunsch sollten sie den durch die Verleihung von Majoraten wirtschaftlich stabilen, absolut loyalen und durch Ämter und Verdienste ausgezeichneten Kern einer neuen gesamtgesellschaftlichen Elite bilden. Majorate waren nämlich nichts anderes als Fideikommisse, die aus kaiserlichen Dotationen (die betreffenden Güter lagen außerhalb Frankreichs, meist in Westfalen oder Italien) oder aus Privatvermögen (das großenteils aus Säkularisationsgut stammte) gebildet und auf den jeweils ältesten Sohn vererbt werden konnten, jedoch nur mit Zustimmung des Kaisers. Über Privilegien etwa steuerlicher Art verfügte diese Art Neuadel nicht, nur über schöne neue Titel wie «Reichsgraf» (comte d'Empire). Als solcher soll der ehemalige Abbé Siéyès von einem alten Bekannten unter Anspielung auf seine Anfang 1789 publizierte revolutionäre Flugschrift maliziös angesprochen worden sein: «Aha, was ist der Dritte Stand?»

An der Spitze der 1814 über 32000 Mitglieder zählenden Ehrenlegion sollten die Angehörigen dieses neuen Reichadels, wie Napoleon sagte, als «Granitmassen» seine Dynastie tragen. Immerhin 22% von ihnen entstammten dem früheren Adel, von den 39 Herzögen und Prinzen Napoleons sieben dem «etablierten», vier dem «unvollendeten Adel». Darin spiegelte sich der immer deutlicher hervortretende Wille des Kaisers, Ancien Régime und neue Ordnung zu versöhnen. Auch wenn es mit ihrer Loyalität letztendlich nicht ganz so weit her war, fusionierten schließlich doch Teile der neuen mit der alten Elite auf der Basis des lapidaren Satzes der Verfassungsakte von 1814, der da lautete: «Der alte Adel nimmt seine Titel wieder an, der neue behält die seinen.» Weitere erbliche Vorrechte waren damit nicht verbunden, der Adel als Ganzes insofern zum bloßen «Elitenreservoir» degradiert.

5. Die Erschütterung der Adelswelt außerhalb Frankreichs

So vernichtete die Zeit der Revolution und Napoleons in Frankreich den Adel als Stand, im Herrschaftsbereich des Imperators erschütterte sie zumindest dessen Stellung. Außerhalb davon sah es sicherlich anders aus: In seinem neuen Großfürstentum Finnland rief Zar Alexander I. 1809 sogar eine neu gebildete Vier-Stände-Versammlung ein, während im selben Jahr die schwedischen Stände ihre von Gustav III. beseitigten Rechte wiedererlangten. Auf den Britischen Inseln scheinen die Abwehrerfolge gegen den Kaiser die Fusion der traditionellen, zuvor eher in regionalen Bezügen denkenden Eliten zu einer oligarchischen britischen «upper class» mit vielen neuen Titelträgern sogar noch gefördert zu haben – selbst im Episkopat erreichte der Anteil von Söhnen aus Grundbesitzerfamilien 1791–1830 die ungewöhnliche Höhe von 60%. Dagegen tat sich die Masse des spanischen Adels während der relativ kurzen Phase der französischen Besatzung und des Unabhängigkeitskriegs (1808–1814) kaum hervor: 1808 waren 4000 spanische Offiziere (die schon als Leutnants persönlich, als Hauptleute erblich als Hidalgos galten, sofern sie nicht ohnehin adeliger Herkunft waren) in französische Gefangenschaft gewandert. Weder an der Führung des Guerillakampfes noch an den anfangs sehr liberalen Beschlüssen der Cortes von Cádiz von 1811/14 waren danach Adelige maßgeblich beteiligt. Indessen wurden die adelsfeindlichen Reformen, ob sie von Napoleons Bruder, König Joseph Bonaparte, stammten (wie die Aufhebung der Fideikommisse und der Ritterorden) oder von den Cortes, die u. a. ebenfalls eine Aufhebung der grundherrlichen Rechte vorsahen, 1814 umgehend rückgängig gemacht. Die Patrimonialgerichtsbarkeit und die grundherrlichen Monopolrechte wurden allerdings nicht restauriert.

Die italienischen und deutschen Staaten bzw. Reichsterritorien waren dem französischen Veränderungsdruck vielfach wesentlich länger und damit intensiver ausgesetzt. Mit der Besetzung durch Napoleon fand beispielsweise die Republik Venedig und damit deren Adelspatriziat als souveräner Herrenstand ein jähes

Ende (1797). Immerhin erhielten die armen Expatrizier noch staatliche Unterstützung, und manche bekleideten weiterhin kleinere Ämter, während einzelne wohlhabende Standesgenossen sowohl unter napoleonischer als auch österreichischer Regierung am Stadtregiment beteiligt wurden. Voraussetzung war nun allerdings eine höhere fachliche Qualifikation – was mancher Patrizier gar nicht glauben konnte. Im Übrigen gerieten nach 1797 selbst viele begüterte, aber meist schon längerfristig verschuldete Familien derart in die Krise, dass sie große Teile ihres Landbesitzes – in Oberitalien hatte zuvor etwa die Hälfte der Nutzfläche dem Adel gehört – veräußern mussten. Die Fideikommisse und Feudalrechte hatte Napoleon abgeschafft. Auch waren bislang fast alle hohen Kirchenämter Norditaliens mit Adeligen besetzt gewesen; deren Anteil ging nun drastisch zurück.

Die linksrheinischen deutschen Gebiete wurden schon 1794 auf Dauer von Frankreich okkupiert, die Adeligen verloren hier ebenfalls ihre Feudalrechte. Die meisten flohen über den Rhein und retteten damit ihre Titel, ihr Eigentum wurde jedoch verstaatlicht. Da die Gebiete 1801/02 endgültig in den französischen Staat integriert wurden, konnten sie jedoch seitdem, ebenso wie andere Emigranten, unter Verzicht auf ihre Titel zurückkehren und, mit Ausnahme der ehemaligen Landesherren, großenteils auch ihre Güter zurückerhalten. Diese Chance nutzte anscheinend eine Mehrzahl der Ritter am Niederrhein, während in der späteren Rheinpfalz der Adel fast gänzlich ruiniert blieb.

Rechtsrheinisch gelangte bei der Vermögenssäkularisation von 1803 wertmäßig weit mehr als die Hälfte des Kirchenguts in den Privatbesitz einer kleinen Zahl reicher Adeliger bzw. Fürsten. Aber die Herrschaftssäkularisation vernichtete die Reichskirche und damit die zentrale Versorgungsinstitution der katholischen Reichsritter und Stiftsadeligen: Von 1802/03 bis 1870 waren, mit abnehmender Tendenz, von 157 Bischöfen nur noch 46 (29%) adeliger Herkunft, 28 (18%) wurden nobilitiert, 83 (53%) blieben bürgerlich; bei den 43 Weihbischöfen lautete das Zahlenverhältnis: 8 (17%) – 5 (12%) – 30 (70%). Bischöfe waren nun nicht mehr Landesherren, sondern aus-

schließlich geistliche Würdenträger, die einer fundierten theolo-
gischen Ausbildung bedurften. Die oft schon seit längerem verarmten bzw. verschuldeten Reichsritter wurden, nach ersten
Anläufen im preußischen Ansbach-Bayreuth (ab 1792), trotz
einiger Gegenwehr ebenfalls mediatisiert, desgleichen viele
Reichsgrafen und selbst einzelne Reichsfürsten. Ihre Organisationen lösten sich auf – bald danach auch das Reich.

Übrig blieben nur Österreich, Preußen und die vergrößerten
Länder der bald zum «Rheinbund» zusammengefassten Verbün-
deten Napoleons, die dieser 1806 rangmäßig erhöhte und zu
Souveränen erklärte. Bayern stellte die Reichsritter seinem Landadel gleich und verlieh den mediatisierten Fürsten und Grafen
einige besondere Vorrechte wie die Gerichtsbarkeit 1. *und* 2. In-
stanz, während Baden und Württemberg die Patrimonialgerichtsbarkeit völlig beseitigten, was sich auch später praktisch
nicht mehr rückgängig machen ließ. Ansonsten behielten sich die
deutschen Staaten aber regelmäßig nur vor, was ausdrücklich als
Souveränitätsrechte definiert worden war, etwa die Polizei- und
Steuerhoheit. Was – mitunter erst nach langen Prozessen – einmal als adeliges Privateigentum anerkannt wurde, blieb unange-
tastet. Dazu gehörten vor allem die grundherrlichen Rechte, die
nur mit Zustimmung des Grundherrn abgelöst werden konnten.
Derartige Rechte oder wenigstens nennenswerte Güter, über die
immerhin noch ein größerer Teil des alten Adels verfügte, besaßen die gerade in Bayern und Württemberg nach 1806 in großer Zahl nobilitierten Beamten und Offiziere in der Regel nicht.
Wer indes solche Güter besaß oder erwarb, konnte sie weiterhin
fideikommissarisch binden, während für die übrigen Nobilitierten lediglich ein nur teilweise vererbbarer Titel blieb.

Die innenpolitischen Reformen der Rheinbundstaaten folgten teilweise dem französischen Vorbild, am stärksten in Napoleons Satellitenstaaten Berg und Westfalen. Doch in jedem Fall
waren sie, wie in Preußen, das Werk einer adelig-bildungsbür-
gerlichen Spitzenbeamtenschaft, wobei in Südwestdeutschland
der bürgerliche Anteil anscheinend am höchsten war. Dabei
wurden in den Reformstaaten des Rheinbunds (zu denen Sachsen und die beiden Mecklenburg nicht zählten) die ständischen

Korporationen beseitigt, die Steuergleichheit und der gleiche Zugang zu öffentlichen Ämtern verkündet – Maßnahmen, die auch altadeligen Ministern wie Montgelas in Bayern oder Reitzenstein in Baden einfach zeitgemäß erschienen.

Preußen ging diesbezüglich nicht so weit, doch öffnete es in forcierter Form Bürgerlichen den Weg in die Offiziersränge, mit dem Erfolg, dass nach Ende der Reformzeit der Adelsanteil zeitweise auf 53 % sank, um danach, u. a. durch die Einführung von Kooptationsprinzipien, wieder auf 77 % (1847) anzusteigen. Die Stein-Hardenberg'schen Agrarreformen, soweit sie die gutsherrschaftlichen Verhältnisse betrafen, als «Bauernbefreiung» zu bezeichnen, ist missverständlich, zielten sie doch primär, wie es im Oktoberedikt von 1807 heißt, auf «den erleichterten Besitz und den freien Gebrauch des Grund-Eigenthums». Was die «persönlichen Verhältnisse der Landbewohner» betraf, entfielen 1810 zwar die Gesindezwangsdienste sowie die Beschränkungen der Freizügigkeit, Heirat und Berufswahl, nicht jedoch die Fronpflichten, welche die Bauern ablösen mussten – was vielen in den 1820er Jahren, nicht wenigen aber erst nach 1848 gelang. Die Bodenmobilität beschleunigte sich freilich, so dass in Preußen – wie langfristig auch in Mecklenburg und kontinuierlich schon seit den 1720er Jahren in Sachsen – mehr und mehr ostdeutsche, viel weniger allerdings nordwestdeutsche Rittergüter in bürgerliche Hände übergingen. Das betraf allerdings vornehmlich die kleineren, sehr oft verschuldeten Güter. Die größeren, die sich meist im Besitz älterer Familien befanden, blieben diesen nämlich in der Regel erhalten, ja breiteten sich durch die Aufteilung der Allmenden und die Landabtretungen der Bauern oft sogar aus. Gleichzeitig erklärte das Edikt, jeder Adelige sollte von nun an ein bürgerliches Gewerbe «ohne allen Nachtheil seines Standes» betreiben können. Mit diesen Bestimmungen vermochte die Mehrheit des preußischen Adels ganz gut zu leben, auch wenn eine Minderheit mit dem konservativen märkischen Gutsherrn von der Marwitz meinte: «lieber noch drei verlorene Auerstädter Schlachten als ein Oktoberedikt»! Dabei wurden selbst im Herzogtum Warschau, das Napoleon nach dieser Schlacht aus den seit 1793/95 preußisch-

polnischen (später auch den österreichisch-polnischen) Gebieten bildete, dem Adel 1807 alle korporativen, patrimonialrecht-
lichen und fiskalischen Privilegien abgesprochen. Politische
Mitwirkungsrechte blieben ihm lediglich auf der Ebene der
Landtage, wogegen die zu 60% adeligen Abgeordneten des
Reichstags hohe Zensusbedingungen erfüllen mussten und doch
kaum etwas wirklich beschließen konnten.

6. Der Adel in Restauration und Vormärz (1814/15–1848)

Einen Großteil des Herzogtums Warschau verwandelte Zar
Alexander I. 1815 in ein Königreich, das er in Personalunion
mit Russland regierte und mit einer eigenen Verfassung ausstat-
tete. Wie früher bestand der Reichstag aus einem meist hoch-
adelig (mit Wojwoden, Bischöfen etc.) besetzten Senat sowie
einem Unterhaus, in dem die Vertreter des grundbesitzenden
Adels weiterhin eine klare Mehrheit besaßen. Polnische Adelige
konnten sogar, neben deutschbaltischen oder finnischen, im
Dienst des Zaren Karriere machen, dessen Autokratie aber
blieb in Russland selbst gewahrt. Gegen sie rebellierte 1825 er-
folglos eine Gruppe meist jüngerer adeliger Offiziere mit freilich
unterschiedlichen Zielvorstellungen. Als im Königreich Polen
eine ähnliche Gruppe 1830 einen Putsch versuchte, löste sie damit letztlich einen patriotischen Massenaufstand aus, der von
zaristischen Truppen wiederum niedergeschlagen wurde. Die
Verfassung Polens wurde aufgehoben, und dessen Adel, 7,5%
der Bevölkerung, verlor seine Standesvorrechte und rund 10%
seines Grundbesitzes: Über 3000 Güter wurden konfisziert und
vielfach russischen Offizieren übereignet. Zudem mussten ca.
45 000 Kleinadelsfamilien nach Russland umsiedeln, nicht wenige adelige Intellektuelle gingen in den Westen. Die Masse des
Kleinadels aber wurde endgültig deklassiert: Nach 1850 galten,
je nach Region, nur mehr 0,5–1,5% der Bevölkerung als adelig.

In den anderen polnischen Teilungsgebieten erging es dem
Adel zunächst besser: Im österreichischen Galizien wie im preußischen Großherzogtum Posen dominierte er die in den 1820er

Jahren neu eingerichteten, freilich weiterhin ziemlich einflusslosen Provinziallandtage. Allgemein aber waren die Provinzialstände, zumindest in Preußen, ebenso wie die dem Kreis der Gutsbesitzer entnommenen preußischen Landräte nur gedacht als Gegengewichte gegen eine aus Sicht der Krone tendenziell zu liberale Bürokratie. Der andere Gegner der Monarchen der konservativen Ostmächte war der Nationalismus. So förderte die preußische Regierung nach 1831 die Ablösung gutsherrlicher Rechte und die Verdrängung polnischer durch deutsche Gutsherren in Posen, um den dortigen Adel als Träger der national-polnischen Idee zu schwächen, während die österreichischen Behörden 1846 sogar einen Aufstand der galizischen Bauern gegen deren Herren schürten.

Wie nach dem Ende der Reformzeit die meisten deutschen Regierungen, so versuchte auch die restaurierte französische Monarchie – im Gegensatz zu Zar Nikolaus I. – kaum, sich durch Nobilitierungen eine neue soziale Basis zu schaffen. 1814 bewegte sie sich jedoch in eine dezidiert konstitutionelle Richtung. Im Bewusstsein, dass er das Rad der Zeit nicht auf 1789 zurückdrehen konnte, erließ Ludwig XVIII. eine Verfassung mit einem Zwei-Kammern-Parlament und berief 1814 unter die 156 Mitglieder der ersten Pairskammer sogar 103 ehemalige Senatoren oder Marschälle Napoleons! Nobilitierende Ämter oder Adelskauf blieben dagegen abgeschafft. Freilich drangen nach dem Zwischenspiel der Rückkehr des Kaisers ab 1816 Adelige des Ancien Régime in großer Zahl ins Parlament ein. Selbst in der Kammer der Abgeordneten waren es zunächst etwa die Hälfte, und zusammen mit dem napoleonischen Neuadel fiel der Anteil bis 1830 nie unter 40%, danach auf circa 25%. Aber beide Gruppierungen hielten lange untereinander Distanz; die unterschiedlichen Heiratskreise wurden erst in der dritten Generation teilweise abgebaut. Dem ständigen Angriffen ausgesetzten, zahlenmäßig schwachen Neuadel gelang es andererseits auch nicht, «nach unten» seine Exklusivität zu wahren. Dabei hatte etwa der vom einfachen Soldaten zum General und Pair de France aufgestiegene Vicomte de Pelleport das Selbstbewusstsein zu sagen: «Ich stamme nur von mir ab.»

Die süddeutschen, ab 1830 auch die mitteldeutschen Staaten entwickelten sich ebenfalls zu konstitutionellen Monarchien. Die meditisierten Fürsten und Grafen, genannt «Standesherren», einzubinden, fiel freilich schwer. Blieb die seit langem an das Dasein als privilegierte Untertanen gewöhnte Masse des Landadels regierungstreu, konnten sich viele mediatisierte Geschlechter noch generationenlang schwer mit ihrer neuen Rolle abfinden: «Lieber Sauhirt in der Türkei als Standesherr in Württemberg», schrieb einer von ihnen. So vermieden es Standesherren oft, anders als der vielfach unbegüterte Niederadel, ihren neuen Herren zu dienen – sie bevorzugten eher den österreichischen, teilweise auch den preußischen Dienst. Als Abgeordnete frequentierten die Familienhäupter die Ersten Kammern, in denen ihnen automatisch ein Platz zustand, nur wenig. Vielfach standen sie sogar in einer gewissen Opposition zu den Regierungen: als Führer des entstehenden politischen Katholizismus in Württemberg, als Konservative, wenn es um die Ablösung der Grundherrschaft oder die Zurückdrängung der Patrimonialgerichtsbarkeit ging, manche aber auch als scheinbare oder echte Liberale – bis hin zu einzelnen demokratisch gesinnten «roten Fürsten». Immerhin waren die Ersten Kammern grundsätzlich Bastionen adeligen Einflusses gegen Demokratie und «Tyrannei» – wenngleich die Mitglieder zunehmend ein elitäres Establishment bildeten, dem auch Bürgerliche angehörten. Selbst das neue Königreich der Niederlande, das keinerlei ältere Titel automatisch anerkannte, verlieh zur Besetzung des neuen Oberhauses vielen Angehörigen des alten Patriziats ein Adelsprädikat, und die liberale belgische Verfassung von 1831 kannte einen Senat, für den der Zensus so hoch angesetzt wurde, dass anfangs nur 403 Personen für ein Mandat überhaupt in Frage kamen, nämlich vor allem großgrundbesitzende Adelige, die dementsprechend 85% der Sitze einnahmen (1890: 45%). Die vormärzlichen Zweiten Kammern waren demgegenüber deutlich weniger adelig geprägt: In Württemberg fielen nur 14% der Sitze an ehemalige Reichsritter, in Sachsen 25% an Rittergutsbesitzer (40% in der Ersten Kammer). Bayern reservierte dieselbe Prozentzahl an Sitzen für Grundherren mit Patrimonialgerichtsbarkeit. Baden kannte hingegen in der Zweiten Kammer praktisch keine adeligen Abgeordneten – sieht man von Johann Adam v. Itzstein als Führer der liberalen Opposition ab!

Während in der preußischen und österreichischen Spitzenbeamtenschaft ebenso wie in der Generalität die Altadeligen weiterhin dominierten, ging in Baden, wo die Minister vor allem in der Zweiten Kammer die Mehrheiten für die Regierungspolitik beschaffen mussten, der Adelsanteil unter den höchsten Beamten noch mehr zurück: von 45 % (1815) auf 30 % (1840). Dabei stammten jeweils zwei Drittel aus dem «Briefadel» der letzten 100 Jahre. Nobilitierte Beamten vermochten in Baden jedoch fast nie, in den alten Adel einzuheiraten, und bildeten somit weiterhin praktisch die Spitzengruppe des Bildungsbürgertums. Vielleicht war das auch ein Resultat adeliger «Resolidarisierung», obwohl sich in Salons oder Vereinen nach wie vor adelige wie bürgerliche Mitglieder tummelten. Der westfälische Stiftsadel schloss sich jedenfalls wieder ab, nachdem 1770–1820 sein Heiratskreis über die traditionellen geografischen und Standesgrenzen ein wenig hinausgewachsen war. In Wien und anderswo blieben die neuadeligen Beamten, Kaufleute, Offiziere und Bankiers (wie die Rothschild) weiterhin unter sich und bildeten eine kulturell dominierende «zweite Gesellschaft» neben der des Hofes und der eigentlichen Aristokratie (niemals wäre es der Familie Schwarzenberg eingefallen, den zudem in der Revolution aufgestiegenen Alexander Bach, immerhin seit November 1848 Minister im Kabinett von Fürst Felix und 1854 Freiherr, privat einzuladen). Auch ein wachsender «bürgerlicher» Anteil an Spitzenpositionen lässt sich jedoch nicht als Ergebnis eines «Klassenkampfs» werten. Dort, wo die Hoffähigkeit eine Rolle spielte – also bei den Hofämtern, in der Diplomatie –, beherrschte der Adel weiterhin ziemlich uneingeschränkt das Feld. Dort, wo im Zuge einer Ausweitung des Staatsdienstes mehr Posten zu besetzen, Prüfungen und Laufbahnvorschriften eingeführt worden waren, geriet dagegen der zahlenmäßig zunehmend schwache Altadel gegenüber einer steigenden Zahl bürgerlicher Akademiker immer mehr ins Hintertreffen.

Selbst im Frankreich der Restauration erreichte der Anteil der älteren Adeligen unter den Präfekten und Unterpräfekten sein 1816 erlangtes Maximum von 75 % bzw. 45 % nie mehr. Freilich wurden die ehemaligen Emigranten, vor allem die großen Familien, mit der (in Wirklichkeit gut halben) «Emigranten-Milliarde» 1825 reichlich entschädigt: Der künftige König Louis-Philippe d'Orléans erhielt fast 12 Mio. Francs – weit mehr, als sein hingerichteter Vater, zumindest nominal, besessen hatte. Während aber die erst 1814/15 zurückgekehrten Hochkonservativen oft noch meinten, Posten primär aufgrund ihrer erwiesenen Loyalität gegenüber den Bourbonen in Anspruch nehmen zu können, mussten sich Adelige trotz aller weiter existierenden Laufbahnvorteile auch im französischen Staatsdienst mehr und mehr dem Wettbewerb stellen. Schon angesichts der Schwäche und Unsicherheit seiner Renteneinkünfte kam offenbar manch einem – wie anlässlich einer Ernennung zum Unterpräfekten einmal dokumentiert – geradezu schlagartig die Erkenntnis: «Nun heißt es also arbeiten.» Trotzdem behielten nach der Revolution von 1830, der auch die Erblichkeit der Pairswürde zum Opfer fiel, nur wenige der Präfekten und Subpräfekten ihre Posten. So sank danach der Anteil Adeliger unter diesen Amtsinhabern ebenso wie unter den geistlichen Würdenträgern weiter ab. Bei Letzteren hatte die Restauration ganz überwiegend Adelige berücksichtigt, weshalb noch 1840 fast die Hälfte der französischen Bischöfe adeliger Herkunft war. Doch handelte es sich mehrheitlich um alte, noch im Ancien Régime zu Priestern geweihte Männer, denn nach 1815 traten wenige männliche Adelige in den Dienst der Kirche, und König Louis-Philippe berücksichtigte nur zwölf von ihnen bei insgesamt 77 Nominierungen.

Ähnliches gilt für das französische Militär – nach 1815 zunächst Anziehungspunkt für viele Adelige, die teils ohne besondere Ausbildung waren, teils den Umweg über das königliche Pagen- bzw. Gardekorps oder eine exklusive Militärvorschule nahmen. Doch schon bald wurde diese Laufbahn für sie immer weniger attraktiv, insbesondere nachdem die Julimonarchie für alle Militärschulen eine Eingangsprüfung eingerichtet hatte.

Mehr und mehr Offiziere kamen aus den Rängen. Stammten 1825 noch 24% der Unterleutnants aus dem Adel des Ancien Régime, 3% aus dem des Empire, waren es 1840–1865 zusammen nur noch 5–7%. Überhaupt stellten Adelige nach der Entlassung oder dem Rückzug zahlreicher, überwiegend legitimistischer Offiziere ab 1830 im Schnitt nur noch 10% des Korps. Außerdem war der Adel nun politisch zumindest dreigeteilt: Neben den Legitimisten standen die Orléanisten, also die Anhänger Louis-Philippes, dazu die Bonapartisten, geschart um Louis-Napoléon Bonaparte. Bedeutende adelige Autoren und Politiker gingen in ganz verschiedene Richtungen: Bonald und Maistre waren autoritär-legitimistisch, Chateaubriand christlich-romantisch, Tocqueville liberal, Saint-Simon sogar frühsozialistisch. Die Einschränkung des Majoratswesens und die Abschaffung einer staatlichen Kontrolle der Titel (1832) taten ein Übriges, um ein einheitliches Identitätsgefühl nicht mehr aufkommen zu lassen. So war die Gesellschaft der Julimonarchie, trotz regional fortbestehender Unterschiede zwischen Adel und Bürgertum, eine Notabelngesellschaft überwiegend bürgerlicher Herkunft, die immer noch auf dem Bezug von Grundrenten basierte. Auch wenn sich reiche Adelige nun im Aktiengeschäft engagierten – innovatives Unternehmertum von ihrer Seite blieb eher die Ausnahme.

In Spanien wurden im Zuge der diversen Machtwechsel im 19. Jahrhundert mehrfach adelige Privilegien offiziell beseitigt (und zum Teil später wieder eingeführt), nie aber der Adel selbst. Dennoch markieren die 1830er Jahre eine tiefe Zäsur. Zum einen wurde die Aufhebung der Majorate, der Erbämter sowie der Grund- und Zehntherrschaft endgültig ins Werk gesetzt – gerade auch weil ein Teil des Adels in Opposition zu Königin Isabella II. und den konstitutionellen Verfassungen ab 1834 stand. Die adeligen Großgrundbesitzer besaßen nun jedoch zusammen mit der Elite des Bürgertums entscheidenden Einfluss in den Zwei-Kammer-Parlamenten. Sie beteiligten sich an der Ersteigerung des inzwischen säkularisierten Kirchenbesitzes, später auch der Gemeindegründe. Für den Verlust ihrer Rechte wurden sie reich entschädigt. Vor allem aber wurde das ehemalige Obereigentum nur teilweise aufgehoben (Provinz Valencia), überwiegend aber endgültig in volles Privateigentum an Grund und Boden verwandelt. So entwickelte sich, wie in Preußen, eine Art Agrarbourgeoisie. Zum andern entfiel nicht nur die Nobilitierung qua Amt, sondern auch die Adelsprobe bei der Aufnahme in bestimmte, als Rekrutierungszentren für viele zivile und militärische Ämter dienende höhere Bildungseinrichtungen. Mit diesen seinen letzten Vorrechten verschwand praktisch der gesamte untitulierte Adel. Die «Verwirrung der Stände» beließ den einfachen Hidalgos nur die Erinnerung an das Ansehen und die Privilegien früherer Zeiten. Rechtlich überlebte nur, wer einen Titel – wie Graf – führte bzw. in bestimmte adelige Korporationen aufgenommen war: Granden, als sog. Títulos auch ältere und jüngere, oftmals stadtadelige Familien mit kleineren Herrschaften. Mit wenigen zehntausend Personen bildeten sie jedoch maximal 0,3 % der Bevölkerung!

Damit näherte sich die Lage des spanischen Adels jener des – inzwischen zunehmend verflochtenen – britischen. Dessen Struktur erschien in Deutschland manchen, gerade adeligen Reformern als vorbildlich. Ohne einen Konsens, ob und wie man dem ärmeren Adel seine Titel nehmen oder zumindest dessen nachgeborene Söhne mit einem nachrangigen Prädikat abfinden sollte, war eine derartige, viel debattierte Adelsreform jedoch aussichtslos, und ohnedies wollte keine der Regierungen des Deutschen Bundes diesbezüglich den Vorreiter spielen. Auch wenn die unmittelbaren Auswirkungen gering blieben, weil weiterhin die «Ehrerbietung» gegenüber der traditionellen, in ihrem Lebensstil nun zunehmend «viktorianischen», weniger extravaganten Oberschicht vorherrschte, muss jedoch für das Vereinigte Königreich die Wahlrechtsreform von 1832 als ein erster Schritt zur Einschränkung der politischen Macht des Adels angesehen werden. Ökonomisch betrachtet, blieb dessen Vorrang, trotz der Aufhebung der Kornzölle (1846), freilich noch bestehen. Denn auf den Inseln wie in Ostmittel- und Osteuropa stellte der ganz überwiegend noch in adeliger Hand befindliche Großgrundbesitz weiterhin die größten Einzelvermögen im Lande dar, auch weil er im Zuge der rapiden Urbanisierung teilweise als wertvoller Baugrund für Vorstädte genutzt werden konnte.

Während in Norwegen der immer ziemlich bedeutungslose Adel 1821 seine letzten Privilegien verlor, konnte der dänische und schwedische Adel seine Besitzungen und faktischen Vorrechte auf Führungspositionen behaupten. In den Kirchenstaat, nach Piemont-Sardinien, teilweise auch nach Neapel aber kehrte das Ancien Régime mit absolutistischen Strukturen und weit reichenden Adelsprivilegien zurück. Liberale Kreise mit einigen adeligen Mitgliedern bekämpften diese Restauration, Geheimbünde wie die Carbonari organisierten sogar Aufstände. Die Revolutionen von 1830 und 1848 vermochten jedoch die feudal geprägte Sozialstruktur des Südens nicht aufzulösen, weil weder die adeligen Großgrundbesitzer noch deren Pächter an Veränderungen interessiert waren. Piemont-Sardinien schlug dagegen in den 1830er Jahren einen gemäßigt-liberalen Kurs ein – hier war der Adel im Wesentlichen ein Dienstadel. Die toskanische Regierung suchte sich einen solchen zu schaffen: Als Gegengewicht gegen den 1814 wieder anerkannten alten Patriziatsadel wurden bis 1860 700–800 Familien nobilitiert, wodurch sich die Zahl toskanischer Adeliger allein 1830–1850 fast verdoppelte. Beide Gruppen standen sich jedoch ziemlich unverbunden, ja feindlich gegenüber, was sich erst nach der Einigung Italiens teilweise änderte.

Im Königreich Lombardo-Venezien von 1814–1866 erkannte Wien die alten und die von Napoleon verliehenen Titel und Wappen an, ließ aber an die Stelle der früheren patrizischen Herrschaftsgremien lediglich beratende Versammlungen treten und gewährte dem Adel – anders als in Österreich – weder einen privilegierten Gerichtsstand noch die Befreiung von der Militärpflicht. Stattdessen ächtete man die traditionellen Ehen der einheimischen Adelspatrizier mit Frauen aus dem Bürgertum, indem man ihnen die Hoffähigkeit absprach. Prestigeverlust, Erbteilung, Verfall des Klientelwesens und schwindende interne Solidarität bedrohten die alte Elite. Deren Mitglieder beschränkten sich daher mehr und mehr auf lokale oder repräsentative Ämter und mieden den zunehmend professionalisierten österreichischen Staatsdienst, ja sie schlossen sich teilweise der nationalen Opposition an und übernahmen sogar Führungspositionen im «Risorgimento», freilich neben Bürgerlichen.

Während in weiten Teilen Europas der Adel in seiner Gesamtheit nur noch insoweit eine Elite darstellte, als er traditionelle Werte verkörperte, behielt er in Ostmittel- und Osteuropa wegen der Schwäche des dortigen Bürgertums jedoch vielfältige Funktionen. Wie in Polen, dessen Adel sich langfristig zu einer Gemeinschaft zunehmend professionell wirtschaftender Landbesitzer wandelte, die ihre nationale Verpflichtung betonte, wurden so in Ungarn weniger die eher international denkenden Magnaten als vielmehr breite Kreise des kaum oder nicht begüterten Kleinadels zu den Trägern der Nationalbewegung, die im Jahre 1848 ihren ersten Höhepunkt erlebte.

7. Zwischen Stabilisierung und Machtverlust (1848–1917/18)

Die Revolution von 1848/49 erfasste einen Großteil des europäischen Kontinents, gerade weil sie von Land zu Land unterschiedliche Trägerschichten kannte: auf politische Mitsprache drängende breite bürgerliche Schichten in Deutschland oder Frankreich, Arbeiter in den Großstädten (Paris, Wien) und Bauern in der Habsburgermonarchie oder in standesherrlichen Gebieten, in denen die adelige Grund- und Gerichtsherrschaft noch weitgehend ungebrochen fortbestand, aber auch antizentralistisch gesinnte Kleinadelige im habsburgischen Ungarn und Norditalien oder im preußischen Posen, während diese in Westfalen, Franken oder im Rheinland regionalistische oder föderalistische Tendenzen vertraten, ohne zu revolutionären Mitteln zu greifen.

In den deutschen Staaten beseitigte die Gesetzgebung des Revolutionsjahres die Patrimonialgerichtsbarkeit, das Jagdrecht auf fremdem Grund und die gutsherrliche Polizeigewalt (in Preußen 1856–1872 wiederbelebt), was in Österreich den Adel 1848 angeblich mehr traf als der Verlust von (mindestens) einem Drittel seiner Einkünfte. Für die zu Grund- oder Zehntabgaben Verpflichteten wurden relativ günstige Bedingungen zur Ablösung ihrer Lasten beschlossen, die namentlich in Württemberg und Österreich auf eine Teilenteignung der Berechtigten hinausliefen. Im Königreich Hannover waren die bereits in den 1830er Jahren festgelegten Konditionen für den Adel viel günstiger. Jedenfalls waren die (unterschiedlich schnell gezahlten) Summen erheblich, und zudem war nun, u. a. durch den Eisenbahnbau, eine Zeit angebrochen, in der sie sich gewinnbringend anlegen ließen: 1874 saßen in Österreich 148 Adelige in den Aufsichtsräten der Eisenbahnen. Weitere Verwendungszwecke – in Hannover die einzig legalen – bestanden in Gutsverbesserungen, der Schuldentilgung und im Kauf von Grundbesitz bzw. von Staatspapieren; industrielles Engagement bildete dagegen die Ausnahme. Allein in Württemberg erhielten 28 Standesherren 11,81 Mio. Gulden, 34 landsässige (z. T. ehemals reichsritterliche Familien) 0,78 Mio. Gulden. Die deutschlandweit höchsten Entschädigungen bekamen die Familien Thurn und Taxis (5,4 Mio.), Hohenlohe (4,4 Mio.) und Fürstenberg (2,3 Mio.). Seitdem agierten die Standesherren recht pragmatisch, engagierten sich vermehrt, neben Landadeligen, etwa in der katholischen Laienbewegung, und bekämpfen den Extremismus von rechts und links. Insgesamt leistete der Adel also wenig Widerstand gegen die Ablösungsgesetzgebung. Sie bot ehemaligen Grund- und Gutsherren sogar vermehrt Möglichkeiten, sich nun an die Spitze der Vertreter der Agrarinteressen zu stellen, etwa Führungsstellen in landwirtschaftlichen Vereinen zu übernehmen, wie anfangs im 1893 auf Initiative eines pommerschen Gutsherrn gegründeten «Bund der Landwirte» (BDL). Schließlich hatte es bis 1919 praktisch keine Auswirkungen, wenn die Verfassung der Paulskirche – in der nur 91 Adelige (16,5 %) saßen, während es im Reichstag von 1871 147 (40 %) waren – alle Fideikommisse verbot und aus dem Gefühl heraus, der Kreis der Privilegierten unterscheide sich von dem der Leistungsträger, erklärte: «Der Adel als Stand ist aufgehoben. Alle Standesvorrechte sind abgeschafft.»

Schon in der Zeit der Romantik waren deutsche (vielleicht noch häufiger französische) Adelige – wie der Freiherr vom

Stein – in historischen Vereinen vertreten gewesen. 1848 begann eine Phase der verstärkten Selbstbesinnung und Neuorganisation des deutschen Adels, z. B. durch Gründung genealogischer Werke («Gotha» für die freiherrlichen Häuser 1848), des bis heute aktiven Vereins der deutschen Standesherren (1863), des Vereins katholischer Edelleute (1868) oder der Deutschen Adelsgenossenschaft (DAG 1874) als lange einziger überkonfessioneller und überregionaler Adelsverband mit rund 2500 Mitgliedern. Die Adelsreformdebatte lief nach 1871 aus, die Gründung des Herrenhauses deutet an, dass gerade in Preußen das vormärzliche Projekt einer Elitenfusion bis zu einem neuen Anlauf unter Wilhelm II. scheiterte und der Adel seine Position wieder festigte, wiewohl er seine Grundsteuerfreiheit – gegen Entschädigung – aufgeben musste, was ihm bei der günstigen Agrarkonjunktur der 1860er Jahre aber nicht so schwer fiel.

Bismarck, Sohn eines adeligen märkischen Gutsbesitzers und einer bürgerlichen Mutter, ab 1862 mit kurzer Unterbrechung preußischer Ministerpräsident, 1871–1890 deutscher Reichskanzler, war der erste Exponent einer Politik, die «Roggen und Stahl», die Interessen des ostelbischen Gutsbesitzes und der aufstrebenden Industrie, langfristig versöhnen sollte – wenngleich dies nur selten zum Konnubium führte. So vermochten die schlesischen Eisen- und Zinkbarone zu ungeheuerem Reichtum zu gelangen. Sie waren mit ihren böhmischen und teilweise sächsischen Nachbarn, die neben Bergbau Brauereien, Brennereien und Zuckerfabriken betrieben, die einzigen Adeligen in Ostmitteleuropa, die sich industriell engagierten. Auch die ca. 20 000 vielfach wenig begüterten Junkerfamilien, die um 1880 vielleicht noch 40 % des ostelbischen Bodens besaßen, konnten sich einigermaßen behaupten, allerdings oft mehr schlecht als recht. Das tat ihrem Stolz, erst recht wenn sie als zackige Offiziere dienten, keinen Abbruch – was der ‹Simplicissimus› ab 1896 in genüsslichen Karikaturen aufs Korn nahm und dadurch zur Entstehung eines Stereotyps beitrug. Dabei stellte Preußen mit Rücksicht auf die 60–70 % im Heer dienenden Adelssöhne bewusst keine so hohen Anforderungen wie Bayern, wo 1872 das Abitur zur Voraussetzung für den Eintritt in den Offiziers-

stand erklärt wurde und der Adelsanteil 1870–1914 von 25%
auf 15% sank – freilich auch hier mit Unterschieden je nach
Dienstgrad, Regiment und Waffengattung.

In Württemberg (1907–1913: 19,5% inklusive Personaladel)
war das Offizierskorps ebenfalls stark «verbürgerlicht». In
Preußen waren dagegen 1860 fast zwei Drittel aller Offiziere,
1913 immer noch 52% der Generäle und Obersten und selbst
25% der Leutnants adelig, 1914 darüber hinaus acht von elf
Staatsministern, neun von zwölf Oberpräsidenten und 270 von
490 Landräten. Diese stammten vornehmlich aus dem ostelbischen Raum, viel seltener aus den weitgehend katholischen
Westprovinzen. Doch dort, wo letztlich Quantität zählte, wie
im BDL, der 1911 nicht weniger als 328 000 Mitglieder besaß,
sank der Adelsanteil an den Führungskadern. Denn Adelige gingen nur selten den Weg vom Honoratiorenpolitiker zum Partei-
funktionär. Außerdem war der Adel ideologisch gespalten: Der
katholisch-westelbische Adel begrub nur ungern seine groß-
deutschen Hoffnungen, auch die preußischen Hochkonservativen opponierten gegen Bismarcks Politik. Die 1876 gegründete
Deutschkonservative Partei gerierte sich zunehmend als Interes-
senpartei der ostelbischen Agrarier und vermochte nicht, den
evangelisch-sozialen Adel zu integrieren. Zusammen stellten
diese Gruppen freilich bis 1818 stets 20–30% der Mitglieder
der preußischen Abgeordnetenkammer.

Und die Frauen? Dazu einige Beobachtungen aus dem
deutschsprachigen Raum. Obwohl viele der Galionsfiguren der
frühen Emanzipationsbewegung – wie die Dichterin Bettina
v. Arnim – aus dem Adel stammten, blieb Berufstätigkeit in höheren Kreisen lange fast ausgeschlossen, wissenschaftliche, literarische bzw. künstlerische Tätigkeit eine Seltenheit. Doch jagte
am Hofe manchmal eine Veranstaltung die andere, und die
Abendtoilette einer Berliner Hofdame – ein begehrtes Amt! –
konnte so viel kosten wie das Jahreseinkommen eines Arbeiters.
Adelige Frauen wachten aber auch – etwa in Wien – anscheinend noch schärfer über die Einhaltung der Etikette und der gesellschaftlichen Spielregeln als ihre Männer, hing ihr Rang doch
in der Regel von deren Rang ab. Andererseits konnten sie sich

immer in eine komfortable Wohnung mit Heizung und Bad zurückziehen, hatten Personal, das sie bediente und mit der Droschke, ab 1900 vielleicht sogar einem Auto ausfuhr oder zu einem Kurort brachte. Bei aller Abwechslung brachte das mondäne Leben allerdings nur bedingt emotionale Erfüllung – Migräne wurde dafür zum Symbol, Trennungen oder gar Scheidungen waren nicht selten. So sehr im städtischen Milieu, etwa unter adeligen und bürgerlichen Beamtenfamilien, eine gewisse Angleichung des Frauenbildes erfolgte, konnten jedoch auch hier adelige Töchter schwerer als Söhne «bürgerlich» heiraten, denn sie verloren ja dadurch ihren Titel. Rund die Hälfte der weiblichen Adeligen scheint sich überhaupt nicht verehelicht zu haben, hielt sich mehr schlecht als recht mit Stickarbeiten oder als Gesellschafterinnen über Wasser und begann erst im Kaiserreich langsam neue Berufswege zu finden, etwa als Lehrerinnen oder, nach 1918, als Privatsekretärinnen. Die im Schnitt früher als bürgerliche Frauen, nämlich schon mit 25–26 Jahren Verheirateten wurden, neben ihren Aufgaben als «Hausherrinnen», nicht zuletzt in kirchlichen Vereinen und speziell im Bereich der Wohlfahrtspflege tätig. Je nach Vermögensverhältnissen wirkten Landadelige als Verwalterinnen der privaten Familiensphäre, oft mit einer gewissen Distanz zu ihren Kindern, oder sie leisteten – mehr oder minder den traditionellen Idealen der frommen, häuslichen und fleißigen «Hausmutter» entsprechend – eine Menge organisatorischer Arbeit: Haushaltsführung, Aufsicht über die Dienstboten, Kindererziehung. Eine gewisse Freizeit, etwa für eine Abendlektüre, blieb aber auch ihnen. Unverheiratete oder verwitwete Gutsbesitzerinnen konnten in Österreich sogar aktiv an den Landtagswahlen teilnehmen. Um die mitgliederschwache Kurie des Großgrundbesitzes zu stärken, bedurfte es eben aller Kräfte – ging es doch nicht zuletzt um den Erhalt adeliger Positionen!

Wenn sich im Deutschen Bund die Abschaffung des Adels nicht durchsetzte, so war dies sicherlich primär eine Konsequenz aus dem Erfolg der Reaktion. Aber auch in Deutschland träumten, wie in Spanien, Italien und anderswo, viele Großbürger von einem Titel, und namentlich Wilhelm II. nobilitierte recht kräftig. Dass ein Industrieller wie Alfred Krupp, der gleichwohl ein luxuriöses Leben führte, eine angebotene Standeserhebung ausschlug, war zwar in rheinisch-westfälischen Unternehmerkreisen nicht einmalig, aber nicht unbedingt repräsentativ für das gehobene Bürgertum insgesamt. In Frankreich wurde der Adel 1848 ebenfalls abgeschafft, schon 1852 indes wieder anerkannt, schließlich aber von der Dritten Republik endgültig beseitigt. Doch war die Einrichtung einer Kommission zur Titelkontrolle durch Napoleon III., der an seinem Hof Alt- und Neuadel zu vereinigen trachtete, wiederum nur ein vorübergehender Akt: Viele Bürgerliche legten sich nach 1870/71 wieder ungestraft einen Adelstitel zu, vor allem, wenn sie entsprechenden Grundbesitz erworben hatten. Der Anteil Adeliger in hohen Ämtern sank jedoch weiter: Adelig waren 1852 noch 53% der Präfekten, 1870 nur mehr 36%, allerdings auch noch fast ein Drittel aller Generäle. Klientelbeziehungen und soziales Prestige wirkten sich auch bei Wahlen immer noch aus. Deshalb stellte der Adel nach dem Ende der Commune 34% der Abgeordneten der Nationalversammlung von 1871. Nicht zuletzt weil sich die Monarchisten nicht auf einen gemeinsamen Thronkandidaten einigen konnten, wurde er jedoch ungewollt zum Geburtshelfer der Dritten Republik, in der er laufend an Mandaten verlor und nur noch lokal größeren Einfluss ausüben konnte.

Unter den 8000 wichtigsten spanischen Großgrundbesitzern war der Adel nun in der Minderheit, wahrte aber seine «ideologische Hegemonie» (M. Tuñón de Lara) und bildete zusammen mit den vielfach geadelten Spitzen des Militärs und des Großbürgertums auch die politische Elite. Ähnlich anpassungsfähig wahrte er auch in Portugal oder Skandinavien seine Stellung und verlor sie in Italien nur teilweise, am wenigsten im Kirchenstaat, wo noch um 1885 der Hochadel die Hälfte der Campagna Romana kontrollierte, und in Neapel, wo die Barone ihren Großgrundbesitz zumindest in den rein agrarisch geprägten Regionen halten konnten. Dagegen kauften auf Sizilien, wo die Latifundien seit längerem verpachtet waren, schon vor 1861 die bisherigen Pächter in wachsendem Maße den von ihnen verwalteten Großgrundbesitz auf. Selbst in Piemont sollte es sich jedoch bald rächen, dass der Adel außer auf den Staatsdienst weiterhin auf den Grundbesitz, viel weniger auf Investitionen in Handel und Industrie setzte.

In den 1880er Jahren verfielen nämlich, nicht zuletzt infolge von Billigimporten aus Übersee, fast europaweit die Agrarpreise. Damit begann sogar in Großbritannien der Abstieg des Adels, damals bestehend aus den Familien von 580 Peers, 856 Baronets und rund 4500 Mitgliedern der gehobenen Gentry, bei der im Gegensatz zur «middle class» regelmäßig das Primogeniturprinzip galt. Diese waren weitgehend identisch mit den rund 7800 Eigentümern, an der Spitze 250 Magnaten, die über jene Großgüter verfügten, die etwa zwei Drittel der Grundfläche des Vereinigten Königreichs bedeckten (in Schottland 93%!). Die Agrardepression vermehrte die Last ihrer Schuldzinsen, verminderte den Wert ihres Bodens und führte zu Landverkäufen, auch wenn viele reich genug blieben. Hatten sich bis dahin die «notables» als unbestrittene Elite des Landes fühlen dürfen, registrierten sie nun einen Verfall an «Ehrerbietung». Die Unruhen in Irland, die Ausweitung des Wahlrechts und die steigenden fachlichen Anforderungen im Staatsdienst erzeugten ein Gefühl des Niedergangs, der Defensive gegenüber sowohl demokratisch-egalitären wie auch staatlich-bürokratischen Bestrebungen. Bis in die 1880er Jahre war das Unterhaus im Wesentlichen ein Klub der Grundbesitzer gewesen, das Oberhaus, das praktisch jedes Kabinett direkt oder indirekt bestimmte, natürlich noch mehr. Die Großgrundbesitzer aber waren die reichsten Männer im Lande. Nunmehr wurden sie von Großindustriellen überholt. Auch die Zusammensetzung des Unterhauses wandelte sich. Unter dem Druck der öffentlichen Meinung, des Unterhauses und einer liberalen Regierung – geführt von dem unorthodoxen, vielen seiner Standesgenossen verhassten Grafensohn Lloyd George – sah sich 1911 sogar eine Mehrheit des Oberhauses genötigt, der Begrenzung der eigenen Kompetenzen zuzustimmen. Statt ihrer traditionellen Aufgabe, der Regierung des Landes auf den verschiedenen Ebenen zur Seite zu stehen, nachzugehen, konzentrierten sich viele Adelige nun auf ihre privaten Geschäfte oder Vergnügungen.

Im europäischen Russland (ohne Kongresspolen und Finnland) zählten 1858, vor allem infolge der starken Ausweitung des zivilen und militärischen Staatsdienstes, circa 1 % der Bevölkerung zum Erbadel, weitere 0,5 % zum Personaladel. Zusammen besaßen sie 1877 etwa 24 % des Landes – allerdings individuell in sehr unterschiedlichem Ausmaß. Für den Verlust ihrer leibherrlichen Rechte (1861) waren sie in gewisser Weise durch ihre starke Stellung in den neuen Selbstverwaltungskörperschaften entschädigt worden, bei der Separierung und Ablösung hatten ihnen ihre ehemaligen Leibeigenen zudem im Schnitt bis zu einem Viertel ihres bisherigen Nutzungslandes abtreten müssen. Da sie aber ihre meist verpachteten Betriebe kaum modernisierten, veräußerten viele in der Agrardepression ihren unrentablen Besitz. Hatte der Erbadel noch 1858 zu 80 % Leibeigene besessen, so verfügte er gegen 1900 nur noch zu 55 % über Gutsbesitz (wobei 8,4 % aller Besitzer 71 % des Gutslandes hielten), und der adelige Landanteil sank bis 1905 auf 16 %. Nun erst kam es zu einer deutlicheren Trennung von Dienst- und Gutsadel – aber zusammen gewann man noch 1907 fast die Hälfte der Duma-Sitze.

Trotz Aufhebung der Leibeigenschaft und ihrer Steuerprivilegien hatten die meist adeligen ungarischen Großgrundbesitzer dagegen inzwischen ihre Güter modernisiert und kontrollierten zu dieser Zeit noch 45 % des Bodens. Die Magnaten unter ihnen stellten im Oberhaus des Reichstags rund 75 %, im Unterhaus ca. 17 % der Abgeordneten, dazu die Mehrheit der Regierungsmitglieder und die Spitzen der Regionalverwaltung. Sie beherrschten aber auch die Banken und Industrien. Das unterschied sie von den rumänischen Bojaren, die sich zwar der Politik widmeten, aber bei einem Landanteil von 50 % sich nicht einmal um ihre verpachteten Güter zu kümmern pflegten. In beiden Ländern überlebte jedoch die Masse des Kleinadels die Aufhebung von Leibeigenschaft und Adelsvorrechten ökonomisch nicht. In Ungarn verloren 1848–1900 von etwa 30 000 Familien 20 000 ihren Grundbesitz, meist zugunsten der Magnaten. Die nun Landlosen drängten ins Militär und vor allem in Justiz und Verwaltung, wo sie bis 1863 rund zwei Drittel der Stellen besetzten. Bürgerliche Berufe, in denen hier Juden eine große Rolle spielten, verachteten sie, entwickelten aber gerade in ihrem sozialen Niedergang neben einem ausgeprägten Nationalismus antikapitalistische und antisemitische Gefühle.

V. Ausblick auf den Adel im 20. Jahrhundert: Die «Kunst des Obenbleibens»

In den Schlachten der Weltkriege ließen viele adelige Offiziere ihr Leben für «ihr» Land. Umso schlimmer empfand der Adel, was seit 1917/18 – ganz unerwartet – folgte. Die von Lenin, Spross einer beamtenadeligen Familie, vorangetriebene Revolution in Russland rottete viele Familien aus und trieb andere ins Exil; hier wie in den nach 1945 kommunistischen Ländern und 1919 in Österreich wurden sogar die Adelsprädikate abgeschafft – worauf sich ein Graf Sternberg auf seine Visitenkarte drucken ließ: «Adalbert / aus dem Hause Sternberg / geadelt unter Karl dem Großen / entadelt unter Karl Renner» (dem damaligen sozialistischen Kanzler). Mit dem Ende der Monarchien in Russland, Deutschland und Österreich-Ungarn, schon 1910 in Portugal, 1931–1975 faktisch auch in Spanien, 1946 in Italien verschwanden die höfischen Bezugspunkte zahlreicher nationaler Adelsgesellschaften.

Im neuen Königreich der Serben, Kroaten und Slowenen (später: Jugoslawien), in Bulgarien, Rumänen und der Tschechoslowakei (nicht aber in Österreich!) wurden nach 1918 weitreichende Landreformen durchgeführt, mit individuell unterschiedlichen Auswirkungen, vom weitgehenden Erhalt der adeligen Großgüter bis zu deren Totalverlust. Die entsprechenden Maßnahmen unter dem kleinadeligen Piłsudski in Polen richteten sich allerdings vornehmlich nur gegen deutschsprachige Gutsbesitzer, während das stark aristokratisch geprägte Horthy-Regime sie in Ungarn sogar abbrach, weshalb sich hier der grundbesitzende Adel in der Zwischenkriegszeit noch gut behaupten konnte. Franco und lange auch Mussolini – zu dem die Masse des italienischen Adels trotz seines Außenministers Graf Ciano eine gewisse Distanz hielt – waren dem Großgrundbesitz ebenfalls geneigt. Aber selbst in England setzte sich der Niedergang des Adels verstärkt fort. Die Landverkäufe häuften sich, die Führungspositionen in den Grafschaften begannen dem Adel zu entgleiten. Hatten Peers und grundbesitzende Gentry 1912 noch 41% aller Armeeoffiziere gestellt, waren es 1939 nur noch 8%. Verbitterung und Desorientierung griffen um sich: Neben Reaktionären traten adelige Sozialisten und Faschisten in Erscheinung. Die Übernahme vieler Ämter, die mit Ehren, kaum aber mit Mühen verbunden waren – als Kanzler an Universitäten, Vorstände von Museen, in den Spitzen der kolonialen Verwaltungen –, mochte der Bewahrung oder Wiedergewinnung sozialen Prestiges dienen, eigentlich politische Gestaltungsmöglichkeiten waren damit indessen nicht verbunden. Nach dem Zweiten Weltkrieg, der noch einmal die militärische oder auch politische Karriere von Adeligen förderte – bis hin zu Winston Churchill, einem geradezu klassischen englischen Aristokraten – war die alte Ordnung endgültig dahin. Das Empire ging verloren und damit auch viele Positionen in den Kolonien. Auch wenn in den folgenden Kabinetten nicht wenige Minister aus dem Adel saßen, gingen deren Zahl und Einfluss zurück.

Gegenüber diesem schrittweisen Abstieg stellt sich die Entwicklung des Adels in Deutschland viel dramatischer dar. Zwar beließ die Revolution hier dem Adel seine Köpfe, Güter und – als Namensbestandteil – sogar seine Titel, aber Revolution und Republik nahmen ihm seine öffentlich-rechtliche Sonderstellung, die Ersten Kammern, letztlich auch die Fideikommisse. Vor allem aber war die Masse besonders der preußischen adeligen Offiziere noch 1918 bereit gewesen, bis zum Letzten zu kämpfen, bis zum Untergang oder einem mirakulösen Endsieg. Obwohl sie die militärische Lage kannten, empfanden sie das Kriegsende als «Dolchstoß» der nun regierenden Sozialisten in den Rücken des Heeres. Die als schmählich empfundene Flucht Wilhelms II. – der selbst immer ritterliche Männlichkeit propagiert hatte – löste bei ihnen eine emotionale Krise aus: Anstelle des Kaisers wurde nun die «Nation» zum Orientierungspunkt. Die Reduktion des deutschen Heeres auf 100 000 Mann, von rd. 30 000 Offizieren vor dem Krieg auf knapp 4000, raubte rund 9300 adeligen Offizieren und ihren Familien die Existenzgrundlage. Nur 862, vielfach Generalstabsoffiziere, wurden 1920 in die Reichswehr übernommen, wo der Adelsanteil immerhin stets bei gut 20% (im kaiserlichen Heer 1914 ca. 30%) lag, die militärischen Traditionen besonders unter v. Seeckt gepflegt, die professionellen Leistungen (bei hoher Selbstrekrutierungsquote) jedoch betont wurden. Die anderen aber blieben vielfach ohne Beruf, oft kümmerlich unterstützt von der 1925 auf rund 17 000 (!) Mitglieder angewachsenen DAG – ein Adelsproletariat. Ihnen drohte der Absturz sowohl als professionelle Elite wie als gesellschaftlicher Stand. Manche, vor allem Ältere, resignierten, viele Jüngere aber stilisierten ihre Armut zur entsagungsvollen, «männlichen» Härte, tendierten zum Rechtsradikalismus, engagierten sich in antirepublikanischen Veteranenverbänden und Freikorps und waren nur zu gern bereit, das alte Herren-Leute-Modell mit einem Führer-Gefolgschafts-Modell mit begrenzter «Volksnähe» zu vertauschen. Denn sie träumten von einem echten, leistungsstarken nationalen Führer, gestützt auf eine neue Elite, in der sie (wieder) eine bestimmende Rolle zu spielen hofften. Westlich-liberal-kapitalistische Modelle lehnten sie dagegen ebenso wie russisch-bolschewistische ab.

Freilich dachten andere Adelsgruppen vielfach anders – aber nicht unbedingt demokratischer. Der katholisch-altbayerische Adel fand weitgehend in Kronprinz Rupprecht seine Integrationsfigur, hoffte auf eine Restauration der Wittelsbacher Monarchie und hielt stets Distanz zum Nationalsozialismus. Die wohlhabenden süddeutschen Standesherren nutzten die nostalgische Zuneigung, die ihnen aus der Bevölkerung noch oft entgegenschlug, und konzentrierten sich verstärkt auf ihre eigene Region. Aber auch sie spalteten sich in Monarchisten und Anhänger der «Neuen Rechten». Ein Teil schloss sich dem 1924 gegründeten, 1932 etwa 5000 Mitglieder umfassenden «Deutschen Herrenklub» (DHK) an, der – anders als die DAG – die

Eliten von Adel und Bürgertum vereinigen wollte. Aus seinen
Reihen sowie aus dem habsburgischen Hochadel stammten
viele Mitglieder und Sympathisanten zweier konkurrierender,
durchaus gegen «Entnationalisierung» eingestellter «europäischer» Vereine: Die Paneuropa-Union des kosmopolitischen
Grafen Coudenhove-Kalergi – sein Nachfolger wurde 1973
Otto v. Habsburg – warb für ein von Deutschland und Frankreich geführtes, katholisch geprägtes, föderalistisches Kontinen-
taleuropa, geschaffen von einer kulturell-geistigen Elite, in der
auch Juden ihren Platz finden sollten. Der Europäische Kultur-
bund des Prinzen Rohan (dessen Familie in der Französischen
Revolution nach Böhmen emigriert war) wollte ebenfalls eine
autoritär regierende «abendländische Geistesaristokratie» bilden, stand aber dem Faschismus näher und fand ebenfalls in
Deutschland, Frankreich, Italien und Österreich unter führenden Unternehmern, Intellektuellen und auch einigen Politikern
wie dem österreichischen Bundeskanzler Prälat Seipel großen
Anklang. Überhaupt bestanden die österreichischen Kabinette
1933–1938 zu einem Drittel aus Adeligen – freilich ohne Titel.
Schließlich engagierten sich manche, vor allem seit 1935, bei
den austrofaschistischen Heimwehren; die große Mehrheit
blieb allerdings monarchistisch mit Affinitäten zum autoritären
Ständestaat katholisch-paternalistischer Prägung.

In Deutschland gab es seit 1925 immerhin einen «Ersatzkai-
ser»: Paul v. Hindenburg. Aber die Regierungen wurden nicht
von Konservativen geführt, und die Reichskanzler waren, wie
erstmals im Kriegsjahr 1917, lange keine Adeligen mehr. So war
der Adel – von einzelnen Ausnahmen, vor allem im Beamten-
tum, abgesehen – ein Gegner der Weimarer Republik. Gerade
sein ostelbischer Zweig nahm den Weg über Sympathien mit
dem Kapp-Putsch in die DNVP Hugenbergs und schließlich in
die NS-Bewegung – teilweise in der ganz irrealen Hoffnung,
Hitler würde die Monarchie restaurieren. Mit dem Rechtsruck
ab 1930, den Hindenburg mit seiner Kamarilla förderte und der
mit dem DHK-Mitglied v. Papen und mit v. Schleicher für kurze
Zeit das Kanzleramt wieder in adelige Hände brachte, mag sich
das teilweise geändert haben. Aber Hitler ließ sich durch ein

«Kabinett der Barone» nicht kontrollieren – und dass Hindenburg ihm die Macht übertrug, war nicht zuletzt Adeligen in seiner Umgebung und den Interessen ostelbischer Gutsbesitzer zu
verdanken. Viele von ihnen strömten der NS-Bewegung zu und
förderten die SA finanziell und logistisch, während umgekehrt
einige adelige Offiziere als «wohlanständige» Aushängeschilder
in der SA Karriere machten. Dass bei der von Himmler in den
Traditionen einer Elitenfusion angestrebten Bildung eines «neu-
en Adels» von den alten Adelstraditionen kaum mehr etwas
übrig bleiben würde, bemerkten allerdings manche: Der SS ging
es um einen «reinblütigen Rassenadel», nicht um die Erhaltung
des «blauen Bluts» – und schon vor 1914 war in antisemitisch-
völkischen Kreisen von einem (vermeintlich) «verjudeten Adel»
gesprochen worden.

Selbst fast alle späteren Attentäter vom 20. Juli 1944 – inklusive Graf Stauffenberg – hatten 1933 zu den Befürwortern einer
nationalkonservativen Allianz mit Hitler gehört oder waren gar
Mitglieder bzw. Sympathisanten der NSDAP gewesen. Erst ein
längerer Prozess, die Einsicht in die Verbrechen des Regimes,
aber auch das nationalsozialistische Elitenrevirement trieben
eine Gruppe von Adeligen (von denen viele bürgerlich verheira-
tet waren) in die Opposition – sie stellten ein Drittel der nach
dem Attentat Hingerichteten! Für den Widerstand waren freilich gewisse «adelige» Voraussetzungen günstig: das Selbstbewusstsein als edle, autonome Persönlichkeit, die Netzwerke, die
die Gestapo als unverdächtig einschätzte. Wenn jedoch dann
Hitler und Ley das auszurottende blaublütige «Geschmeiß» für
die Verschwörung verantwortlich machten, legten sie die Basis
für einen Mythos der Stilisierung des Adels zum Hüter einer
langen, edlen Tradition, die dem Adel die folgende Integration
in die Bundesrepublik erleichterte, aber übersah, dass sich zumindest in Preußen die große Mehrheit der politisch aktiven
Standesgenossen dem Nationalsozialismus angeschlossen hatte.

Mit dem Einmarsch der Roten Armee ging die Welt des ostelbischen Adels unter, wurden doch die Junker als eine der
Hauptstützen des NS-Staates enteignet, massakriert oder vertrieben. Überall in Mittelosteuropa wurde die Bodenreform nun

abgeschlossen (in Süditalien 1950 begonnen). 1989/90 änderten sich die politischen Verhältnisse durch den Fall des Eisernen Vorhangs, angestoßen an der österreichisch-ungarischen Grenze von einer Feier der Paneuropa-Union. Danach wurde einige, aber nicht die meisten Folgen der Bodenreform rückgängig gemacht. Während etwa die tschechische Republik einen Teil des enteigneten Besitzes zurückgab, sofern sich eine Familie früher, meist 1929, zur tschechischen Nationalität bekannt hatte (was die meisten böhmischen Großgrundbesitzer nicht getan hatten), erhielten die ostelbischen Junker – zum Leidwesen mancher – allenfalls Entschädigungen. Selbst die britische Regierung übte 1967 Druck auf die Landeigentümer aus, ihr Pachtland an die Pächter zu veräußern.

Und doch: Vor wenigen Jahren wurde festgestellt, dass der reichste Brite ein Herzog ist, ebenso der größte britische Grundbesitzer. In Österreich, wo der Adel seit 1919 nur noch als «verborgener Stand» existiert, gehört der Familie Esterházy ein Achtel der Fläche des Burgenlandes. Sowohl in Deutschland wie in Frankreich, wo 1978 ein Prozess gegen den damaligen Schwiegervater Carolines von Monaco wegen «Abstammungsusurpation» stattfand, scheinen Adelige in Führungspositionen (besonders der Wirtschaft) überrepräsentiert zu sein. Ist die Karriere eines vom westfälischen zum deutschen Bauernverbandspräsidenten, schließlich zum Vorsitzenden des Weltbauernverbandes aufgestiegenen Freiherrn v. Heereman (CDU) so ungewöhnlich? Oder jene des ehemaligen Staatspräsidenten und «Vaters der europäischen Verfassung» Giscard d'Estaing? Freilich: Zurückhaltung ist angesagt – ein Hermann Otto Solms (FDP) nennt sich nicht «Prinz von und zu». Es fehlt nicht an Familien, die «oben geblieben» sind, vielleicht auch, weil deren Mitglieder den leistungssteigernden Ehrgeiz entwickelten, «etwas Besseres» zu sein oder zu werden – Adel verpflichtet! Obwohl es also auch weiterhin reiche und einflussreiche Adelige gibt, hält der Adel als Ganzes überall in Europa heute weit weniger Macht- und Vermögensanteile als vor hundert Jahren. Die Anpassung an die gewaltigen Veränderungen nach 1917/18 ist meist nur individuell geglückt, und die Ehepartner stammen

überwiegend nicht aus dem Adel. Noch müht sich freilich ein
Teil um Identitätswahrung durch Familientage, Vereine und
Feste bis hin zu einem 1987 abgehaltenen Treffen der Nachkommen der Überlebenden der Mongolenschlacht bei Liegnitz
(1241)! Abgesehen von den hochadeligen Mitgliedern des Jet-
set, der der Regenbogenpresse eine unerschöpfliche Quelle an
mehr oder minder wahren Unterhaltungs- und Sensationsbe-
richten bietet, darüber hinaus freilich auch das Ideal einer auf
Erfolg und Lebensqualität basierenden «besseren Gesellschaft»
verkörpert, stellt sich freilich die Frage, welche Funktion «der»
Adel in der Gegenwart noch erfüllen kann – außer derjenigen
eines «Protektionsklubs» (Graf K. Draskovich). Als neue Kol-
lektividentität bietet sich allenfalls eine Rolle als selbsternann-
ter Wahrer des «nationalen» kulturellen Erbes an, wie die vor
allem von Standesherren mit Leihgaben bestückte Münchner
Ausstellung «Deutschlands Schatzhäuser» von 2004/05 nahe-
legt. Aber auch sie dient eingestandenermaßen nicht zuletzt
dem Zweck, Touristen anzulocken und Staatszuschüsse zu erhalten, damit die Besitzer ihre Schlösser erhalten oder sanieren
können.

Auswahlbibliographie

Allard, J.-P. (Hg.): Elite et noblesse en Europe. Lyon 1995.

Aurell, M.: La noblesse en Occident (V^e–XVe siècle). Paris 1996.

Asch, R. G. (Hg.): Der europäische Adel im Ancien Régime. Von der Krise der ständischen Monarchien bis zur Revolution (ca. 1600–1789). Köln u. a. 2001.

Asch, R. G. (Hg.): Nobilities in Transition 1550–1700. Courtiers and Rebels in Britain and Europe. London 2003.

Banac, I./Bushkovitch, P. (Hg.): The Nobility in Russia and Eastern Europe. New Haven 1983.

Bauer, V. : Die höfische Gesellschaft in Deutschland von der Mitte des 17. bis zum Ausgang des 18. Jahrhunderts. Tübingen 1993.

Beckett, J. V.: The aristocracy in England 1660–1914. Oxford u. a. 1986.

Brelot, C.-I.: La noblesse réinventée. Nobles de Franche-Comté de 1814 à 1870. 2 Tle. Paris 1992.

Bush, M. L.: The European Nobility. 2 Bde. New York bzw. Manchester/New York 1983/88.

Carsten, F. L.: Geschichte der preußischen Junker. Frankfurt/M. 1988.

Chaussinand-Nogaret, G.: La Noblesse au XVIIIe siècle. De la Féodalité aux Lumières. Paris 1976.

Contamine, P.: La Noblesse au royaume de France de Philippe le Bel à Louis XII. Paris 1997.

Conze, E./Wienfort, M. (Hg.): Adel und Moderne. Deutschland im europäischen Vergleich im 19. und 20. Jahrhundert. Köln u. a. 2004.

Dewald, J.: The European Nobility, 1400–1800. Cambridge u. a. 1996.

Diemel, C.: Adelige Frauen im bürgerlichen Jahrhundert. Hofdamen, Stiftsdamen, Salondamen 1800–1870. Frankfurt/M. 1998.

Donati, C.: L'idea di nobiltà in Italia, secoli XIV–XVIII. Roma/Bari ²1995.

École française de Rome (Hg.): Les noblesses européennes au XIXe siècle. Roma 1988.

Endres, R.: Adel in der Frühen Neuzeit. München 1993 (Enzyklopädie deutscher Geschichte, Bd. 18).

Fehrenbach, E. (Hg.): Adel und Bürgertum in Deutschland 1770–1848. München 1994.

Feigl, H./Rosner, H. (Hg.): Adel im Vormärz. Wien 1991.

Hechberger, W.: Adel, Ministerialität und Rittertum im Mittelalter. München 2004 (Enzyklopädie deutscher Geschichte, Bd. 72).

Hernán García, D.: La Nobleza en la España moderna. Madrid 1982.

Higgs, D.: Nobles in Nineteenth Century France. The Practice of Inegalitarism. Baltimore u. a. 1987.

Hoyningen-Huene, I. Freifrau v.: Adel in der Weimarer Republik. Limburg 1992.

Lieven, D.: The Aristocracy in Europe, 1815–1914. Houndsmills 1992.

Malinowski, S.: Vom König zum Führer. Sozialer Niedergang und politische Radikalisierung im deutschen Adel zwischen Kaiserreich und NS-Staat. Berlin 2003.

Müller, R. A.: Der Fürstenhof in der Frühen Neuzeit. München 1995 (Enzyklopädie deutscher Geschichte, Bd. 33).

Nierop, H. F. K. van: The nobility of Holland. From knights to regents, 1500–1650. engl. Cambridge u. a. 1993 (ndl. 1984).

Oexle, O. G./Paravicini, W. (Hg.): Nobilitas. Funktion und Repräsentation des Adels in Alteuropa. Göttingen 1997.

Paravicini, W.: Die ritterlich-höfische Kultur des Mittelalters. München 1994 (Enzyklopädie deutscher Geschichte, Bd. 32).

Petiteau, N.: Élites et mobilités: la noblesse d'Empire au XIXᵉ siècle (1808–1914). Paris 1997.

Powis, J.: Der Adel. dt. Paderborn u. a. 1986 (engl. 1984).

Press, V.: Adel im Alten Reich. Tübingen 1998.

Reden-Dohna, A. v./Melville, R. (Hg.): Der Adel an der Schwelle des bürgerlichen Zeitalters 1780–1860. Stuttgart 1988.

Reif, H.: Adel im 19. und 20. Jahrhundert. München 1999 (Enzyklopädie deutscher Geschichte, Bd. 55).

Reif, H.: Westfälischer Adel 1770–1860. Vom Herrschaftsstand zur regionalen Elite. Göttingen 1979.

Reif, H. (Hg.): Adel und Bürgertum in Deutschland. 2 Bde. Berlin 2000.

Rogalla v. Bieberstein, J.: Adelsherrschaft und Adelskultur in Deutschland. Frankfurt/M. ³1998.

Saint Martin, M. de: Der Adel. Soziologie eines Standes. dt. Konstanz 2003.

Scott, H. M. (Hg.): The European Nobilities in the Seventeenth and Eighteenth Centuries. 2 Bde. London/New York 1994/95.

Stekl, H.: Adel und Bürgertum in der Habsburgermonarchie. 18. bis 20. Jahrhundert. Wien/München 2004.

Stockert, H.: Adel im Übergang. Die Fürsten und Grafen von Löwenstein-Wertheim zwischen Landesherrschaft und Standesherrschaft 1780–1850. Stuttgart 2000.

Tulard, J.: Napoléon et la noblesse d'Empire. Paris ²1986.

Université du Maine (Hg.): L'identité nobiliaire. Dix siècles de métamorphoses (IXᵉ–XIXᵉ siècles). Le Mans 1997.

Wehler, H.-U. (Hg.): Europäischer Adel 1750–1950. Göttingen 1990.

Werner, K.-F.: Naissance de la Noblesse. L'essor des élites politiques en Europe. Paris ²1998.

Personenregister